江戸時代大全

時代考証家
稲垣史生

まえがき

この本は小説やテレビの時代劇を見るのに、知っていればより面白く、より得るところがあるよう意図して書いたハンド・ブックである。事柄のエッセンスのみ、わかりやすく記述して時代劇の疑問に即答しようというわけである。

ところでむしち固いことを言うようだが、時代劇または歴史ドラマというのは、過去の人間をそっくり描き出すところに意義がある。百年前、二百年前の人間をすっ裸にし、美醜両面をむき出しにして見せる。するとそこには仲間を裏切り、騙討にし、時には不倫の恋に落ちる赤裸々な人間像が浮かび出る。

そのさまざまな偽らぬ人間の姿を見て、何だ、むかしも今も変わらないではないか。私たちの先祖も同じことをして来たのだ。人間とはもともとそうしたものだと、そう悟り、やがて人間生存の原理みたいなものを発見することによって、何か不安がギシギシする現代社会にも、安心立命することができる。

私たちが時代劇を見ていて、何かほのぼのとした安らぎを覚えるのはそのためではないのか。娯楽本位のどたばた時代劇はともかく、正統の歴史ドラマはそういう理想や目標の下に作られている。

ところが時代劇は年代をさかのぼるので、現代人に理解しにくい面が多い。時代により、それぞれ制度・風俗・生活感情などみな違う。それに封建制のバック・ボーン、身分によって何もかも大違いだ。

例えば江戸時代、刑法はあるが主として庶民を罰するためのもので、武士に罪があれば自決するのを建前とした。また女に完全人格は認められず、刑法の適用を避けたようすが見える。男は磔《はりつけ》だが女は無罪に近いことがあった。

風俗で思い出すのは寺田屋騒動のときの坂本龍馬で、慶応二年（一八六六年）一月、伏見の寺田屋で幕吏に襲われた龍馬は、意外にもまずおのれの袴をさがした。隣室に脱いだことを思い出し、やむなく袴なしで戦ったが、護衛の三吉慎蔵はきちんと袴をつけてから戦っている。

敵の白刃が眼前へ迫っているのに、なぜ命がけで袴をはかねばならなかったか。当時、袴は武家スタイルには不可欠であり、ほとんど皮膚の一部分ともみなされていた。だから血闘の直前でも、手と眼は無意識で袴をさがした。もし龍馬がここで死ぬようなことがあれば、あわてて袴もつけていなかったと、のちのち口の端にのぼるのが耐えられなかったのである。

これは龍馬の手紙にある史実だが、まさに現代人には理解できない生活感情といえよう。

この種のことが歴史ドラマにはわんさとある。本書でそれを解説した。人事百般、すべてを網羅というわけにはいかないが、ともかく小説・ドラマによく出る事柄を選びに選んだつもりである。

稲垣史生

目次

第一章

「将軍・大奥」ものしり24の考証

1　将軍を「公方」というのが正しい

江戸時代の人は、徳川将軍を必ず「公方さま」または「御公儀」「大樹《だいじゅ》」ともいった。「徳川将軍」「徳川様」「徳川家」など、今日われわれが呼ぶようないい方は決してしなかった。

正式には「征夷大将軍」で、東北の蝦夷を討つという職名だが、源義仲以降、征夷のための臨時総司令ではなく、兵馬の権を握って天下の政務をおこなう主宰者の意味となったのである。

足利義満が朝廷に、

「公家に摂政なる棟梁あり、沙門に門跡なる棟梁あれども武家にこれなし。何とぞ公方の号を……」

と乞うて許されたとある。

2　隠居した前将軍を「大御所」という

将軍が隠居されると西丸へ入る。そして「大御所」といって将軍の親の待遇を受ける。「大御所」というには二つの条件があり、一つは将軍の父であること、二つには前将軍であること。そのどちらが欠けても大御所とはいわない。今日いう、ただにらみの利く親爺という意味ではない。

3　将軍と大名は同じ生活形式

これは城中の表、中奥、大奥という設計が江戸城に限らないことから見ても想像がつくが、調度、使用人の数など、その質はともかく形式は大名も同じだったのである。

しかし「大奥」というのは江戸城に限るので、諸大名は将軍家へ遠慮して「奥向《おくむき》」といった。もっとも内々では大奥ともいったらしく、和歌山城の見取図など大奥の文字がある。

奥女中の職名、階級、それに間取りなど、諸大名は将軍家をまねて小型にしたにすぎない。有名な「毒見」や「中﨟《ちゅうろう》の御添寝」も将軍だけの専用ではなく、諸大名もほぼ同じであった。

したがって、大して豪華でもない食事を、うるさい形式でやられて閉口する貧乏大名もあったのである。

大奥へ行くとめんどうなので、ほとんど顔を出さないという女ぎらいの大名もいた。が、そういう役目の家来がいて、大奥行きを勝手にやめることができなかったという。

4　将軍に謁見する際は御目付が見ていた

場所は城中の白書院というところ。ここには上段、下段と、もう一つの間がある。

将軍は上段の間に簾を半分垂れて坐っている。この簾越しに謁見するわけだが、直接顔を上げて将軍を見ることはできない。

ただ平身低頭するだけ。国主だけは、老中が、安芸とか、薩摩とか、備前という風な披露をする。国主の位置は上段の次の間の中程である。

外様大名になるともう一つの間の襖のと

ころに五人位ずつ並ぶ。このときは何の披露もなく、将軍は着座していないこともある。それでもおじぎをして、ずうっと引いていくのである。

これらを御目付が全部見ていて、作法に違ったことをすると、すぐ下城差留めをいいわたされ、けん責をうけることになる。

5　将軍に「それへ」と言われた際の作法

謁見には、お目見得、御前御用など色々な内容のものがあるが、御用で召された者が平伏していると、「それへ」と将軍から声がかかる。「近くそれへ進み出よ」というのである。

このときは、匍匐蠢動《ほふくしゅんどう》といって、身体を少し左右に動かして「進まんとして能わざる状を為す」のが慣礼なのである。そしてあくまで、もとの座で必要なことをお答えする。ところが、勝安房守（海舟）はこの言葉に立ち上って進み出ようとしたので、大目付が驚いて「シッシッ」と制したが聞かず、後で別室に呼ばれて謹慎を申しつけられた。だが勝は憤然と抗弁、大目付をやりこめて、この陋習をやめさせた。

むろん幕末で幕府はすっかり動揺していたころだからできたことだろうが、勝海舟ならではの逸話であろう。

6　大奥とは御台《みだい》様の住居のことをいう

これは将軍の御台所《みだいどころ》の住居である。江

戸城の大奥は本丸と西丸にあった。この大奥に対するのが表と中奥。表は将軍が政務を見る公の場であり、中奥は将軍の住居である。将軍夫妻は常の住居が別々のわけだ。

7 大奥は十歳以上の男子は全く禁制

大奥は御殿向《ごてんむき》・長局《ながつぼね》・御広敷《おひろしき》からなっている。御殿向は御台所の居間、長局は大奥女中の宿舎。御広敷とは玄関及び御錠口を警備する役人の詰所。ここへは料理役人もきていて、将軍家族の食事を作っている。この御錠口から奥が狭義の大奥で男子禁制なのである。

ここからは将軍のほか十歳以上の男子は一歩も入ることができなかった。

もっとも老中が用事で出入りすることはあった。

8 大奥へ百姓が入り込んだ事件

どうして入り込んだか、ある時、葛西の百姓が将軍家綱の御台所の寝殿まできて、緞帳《どんちょう》を掲げ覗いていたことがある。しかし御台所は少しもさわがず、「誰か私の枕元に来ていたようだね。捕えよ」といって平然としておられる。

大騒ぎになって御広敷の方の役人にきてもらってやっと百姓をつかまえた。

奥女中たちが化物ではないかとこわがるのをきいて、「天狗か何かに誘われて飛んでいるうちにここへ落とされたのだろう。

こんな正気でないものが何もできるものではない」といわれたということである。

9　大奥の出入りは鈴を鳴らし御錠口から

将軍が中奥から大奥へ来るには、お錠口を通る。杉戸が立ててあり、その際に五ツ六ツ鈴をたばねて吊してある。お成りのときは下げ紐を引いてその鈴を鳴らし、出るときも同様である。お錠口につづく大奥側の廊下を、お鈴廊下といい、女中たちは将軍をここへ出迎えた。上お鈴廊下、下お鈴廊下と二つあって、ふだんは上お鈴廊下だけを使用した。下お鈴廊下は火災時などの非常用であった。

他に玄関の御錠口というのがあった。ここは来客用で、腑抜けになったかつての忍者、伊賀者が番をしていた。

10　大奥女中の正式な総人数は六百余名

まず将軍付きの女中約三百人、御台様にも同じ数の女中がいる。また御目見得以上は数人の女中を使っているから、総数はほぼ千人、多いときで二千人どまりであろう。「大奥三千の美女」というが、スペースから考えて無理である。

11　正夫人は三十歳で御床ごめんになる

これは別に将軍の好色からではなく、一種の避妊対策であったといわれる。

正夫人は多くやんごとない公家の出であ

ったので、体も頑健とはいえなかった。それで三十すぎてから御懐妊があったりすると、当時の医学では出産による身体への影響が心配されたのである。

12 数名のおめかけ候補が常備されていた

将軍の御添寝ができるのは、奥女中のなかでも高級職員の中臈に限られていた。中臈は多くは旗本の娘で、将軍のお目にとまることは家門の名誉だから、いつもそれを待っていたともいえる。

どんな風にお声がかかるかというと、昼のうちに将軍からお年寄に、かくかくの女は名は何と申すかときかれる。それで思召しのあることが通じ、さっそくお年寄が万

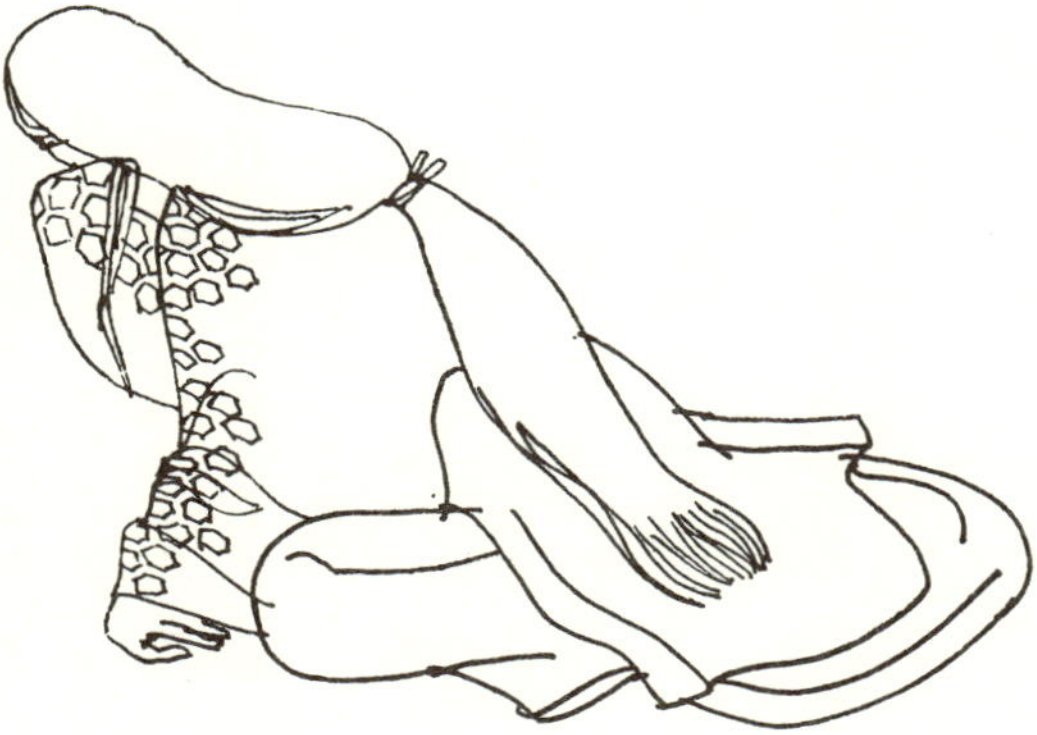

正夫人は30歳で御床ごめんになる

事をとりはからった。その夜、将軍の枕席に侍《はべ》る。セックス御用をつとめたのを「お手つき中﨟」といい、そっちは無関係で身のまわりの世話だけをするのを「お清の中﨟」といった。

13　将軍の寝床には二人の女がいた

将軍は自分が選んだ女の他に、同じ寝床にもう一人、別の中﨟をつけられる。

この中﨟は将軍に背を向けて伏し、決して将軍のほうを見ることも眠ることもない。もちろん将軍と女との睦言に聞き耳を立てるのである。そして翌朝、御年寄に報告しなければならない。

直接の動機は、五代将軍綱吉のとき、寵臣柳沢甲斐守吉保が、自分の意のままになる中﨟を使って、将軍と同衾中に百万石のお墨附をねだらせたという。幸い未然に発覚したが、幕府をゆるがす柳沢騒動の危機一髪の場面であった。以後この人権無視のお添寝は永く励行された。

14　将軍夫妻はどんな言葉を用いたか

家来に対しては厳格だが、大奥での夫婦同士ではほとんど普通の会話だという。

将軍は自分のことを「こちら」といったり「自分」といったりした。

御台所は「私」で、「私は好きだ」「私は嫌いだ」と何も変わったところはない。

お附きの者は遊ばせ言葉を使った。奥方

には「御前」と呼び、将軍には「上《かみ》」と呼んだという。

15　将軍専用の隠密を「お庭番」という

お庭番は八代将軍吉宗が紀州からきたときに供をしてきた者のうち十七名である。秘密の任務につくので、カムフラージュのため平凡な、お庭番という職名にした。もちろん世襲だが、誰がお庭番なのかよくわからない。

将軍の特命をおびて出張すると、半年も一年も帰らなかったという。

将軍から指令を受けると、帰宅しないでそのまま大丸呉服店の奥の一室で変装して出発した。

将軍専用の隠密を「お庭番」という

お庭番は結婚も同役中のみ、他の役人とは交際せず、旗本たちも、「あの男はお庭番ぞ、滅多な口をきくな、それ来た、油断するな」と目顔で知らせ合って敬遠したという。

16　必ずキス料理が出る歴代将軍の食事

将軍の食事には必ずキスの塩焼がつく。これは、キスが鱚と書いいて、喜ばしい魚という縁起からきたものであった。

17　老人の見廻りに裸を見せた大奥女中

毎月一回老中見廻り、三ヵ月に一度御留守居廻りが大奥にはあった。

これは警備上の見廻りだが、幕末の老中阿部伊勢守は年も若く好男子だったので、大奥ではその見廻りを待ちかねて、女中たちがさわいだり、なかには阿部の紋「鷹の羽」をかんざしにつけたりして喜んでいた者があったという。

一方、御留守居廻の方は老人が多く、馬鹿にして湯殿の口をあけ放しにしておくので、御留守居は顔を横にして通ったという。

18　将軍の朝食は味噌汁に落し玉子

これが将軍の朝食には必ずついた。将軍の食事は一度に十人前が作られる。そのうち二人前が毒味用である。余ったものは当番の者たちがいただくことになる。

19　「お庭お目見得」という将軍の妾選び

将軍に側女をすすめるときは、候補者に庭を歩かせて将軍が障子の蔭から見る。気にいれば「夜のものを取らせよ」といい、気にいらねば何の沙汰もない。

夜のものとは夜具のことであり、同衾を意味する。この場合は必ず世話親というのがつき添っている。

20　女だけ見ることを許された将軍の行列

将軍がお城の外へ出るのを「お成り」というが、この「お成り」を拝観するのに、男は軒下にむしろをしいて、その上に平伏していなければならなかった。

しかし、女は店先に坐っていて拝観してもかまわなかった。

21　将軍お成りの日は火気厳禁である

火の用心のために、将軍御着の前後から、泊られて御夜食がすむまで、その土地で火を焚くことは禁じられていた。

22　高いところから将軍を見てはならない

将軍がお通りの日の沿道の家は戸を閉めて目貼をした。

宿屋は下の方だけ許されたが、二階は全部戸に目貼をしたのである。

高いところから見てはならんというわけである。

23　殿様の刀は素手では持たない

将軍はもちろん大名のものでも、御刀や脇差を家来が扱うとき、ふくさで持つ。ふくさがないときは袖で持つので、決して素手で持ったりしてはいけなかった。

24　将軍はどのようにして小用を足したか

家康の公人朝夕人《くにんちょうじゃくにん》に土田孫三郎という者がいた。

公人朝夕人とは朝夕奉公するという意で、将軍の便器奉持係である。

以来、土田家の世襲となり、幕末まで続いた。ただし、家禄は十人扶持で脇差一本の軽い身分である。

式典で将軍が装束をつけた場合、抱《ほう》や裾など複雑で、おいそれと小便ができない。そんなとき、朝夕人の持参した尿筒を装束の袴の中へさし入れて放尿する。筒だから樋になって庭へ流す仕掛けである。

内裏への参内、日光社参にもお供をし、臭い奉公を続けたが、将軍直《じ》き直《じ》きの役目なので、後々も高い誇りを持っていたという。

「将軍・大奥」テレビ考証の虚実

●将軍の前では畳のゴミを吸うぐらい頭を下げる

時代劇を「町人もの」「武家もの」に分けると、前者はどうやら今日の常識でわかるが、後者の武家関係は見当《けんとう》もつかぬことが多い。中でも殿中の作法など、難物ちゅうの難物ということができる。武士に当る軍人は今日いないのだし、形式張ったセレモニーも民主社会の現代人にまったく無縁のことだからである。侍の坐り方、立ち方、歩き方など時代劇では皆でたらめ、よくまあ、こんないいかげんなことを……と呆れるばかりである。

武家作法は室町将軍が、公家への対抗上、伊勢・小笠原家に命じて作らせたもの。江戸時代にはこれに尾鰭《おびれ》をつけ、武家社会の秩序維持に一役買わせたのである。例えば平伏にも拓手礼・双手礼・合手礼などありおでこの高さと膝前についた手の間隔がみな違うのである。

拓手礼は同輩への礼で、頭は畳から一尺五寸位の高さ、両手先は一尺ほど離れている。

双手礼は身上の人に対するもの、頭は畳の一尺位、両手先の間隔は六、七寸となる。ところが勅使や将軍には、特に合手礼なる最敬礼ときまっていた。これは両手先をほとんど触れ合うばかり寄せ、おでこは畳にすれすれまでに下げる。頭だけ下げるのではなく、背すじを伸ばして上体を倒すのだから、体ぜんたいがべったり畳につく。これほど低い姿勢はなく、大いに畳のゴミを吸うわけだが、そうすることで上下のけじめを痛いほど思い知らせたいのである。

これを裏返せば、その三段階の低姿勢を厳重に演じ分けることで封建ムードを的確に打ち出せる。これぞ時代劇の基本問題とも、また勘《かん》どころともいえそうである。当時の大名は殿中の作法に、一族の浮沈が掛っているから真剣だった。監察官のお目付が見張っていて、わずかの間違いがあってもすぐ登城停止の処分を喰わせる。そのため物慣れた旗本を頼んでおき、いちいち指導を仰いだほどである。また平伏はもっとも基本的な動作だから、大名たちは子供のときから練習して、寸分の違いもなく合手礼をおこなった。それは間違いない。

が、悲しいかなテレビの並び大名は、すべてエキストラを雇うので、一斉平伏だというのに頭の高さがデコボコである、そこでスタジオで大声をあげ、

「拓手礼じゃない。ここは合手礼でなくちゃ……」

などと言っても始まらず、結局、著者が実演してみせる羽目《はめ》になる。そして何度もくり返すので、うんと畳のゴミを吸わされる。それはまあ、仕方ないとして、くどく言うと学生バイトの殿様など、蔭で著者のことを「吉良上野介」と、有難からぬ綽名で呼ぶのである。

第二章

「大名」ものしり41の考証

25　大名行列は槍の飾鞘で見分ける

大名行列は家の格によってさまざまに異なる。特に道具といわれる槍の飾鞘は、形や虎皮・ラシャなどの材質をその家特有の形式にしている。だから先頭の槍を見れば、ひと目で何家の行列と分かる。

将軍家は虎の皮投鞘《なげさや》槍《やり》二本、直槍一本が道具、もちろんこれに似たものも、まぎらわしいものもいけない。

26　江戸内の先払いは将軍・三家・三卿のみ

先払いは「したあに、したあに」と言って通る制止声のこと。これはもちろん、先供の者がいうが、ほかに二、三町も前に宿場の者が大名行列の通過を触れて歩く。

しかし、大名行列も江戸へ入るとやらなかった。

江戸でやっているのがあれば、将軍か三家・三卿のどれかである。

27　大名行列で「道具」といえば槍のこと

大名行列で「道具」といえば槍のみを指し、弓や鉄砲はそのまま弓・鉄砲といった。槍はずっと武家の主要な道具だったからである。また「打物」といえば長刀のことを指した。

28　大名行列は大部分がくずれていた

道具・打物・挾箱の順で供槍まであるが、その人数は石高によって違う。

この行列はしかし、いつでも隊形を整えていたのではない。

国許の城下と領地境、宿場の発着時、それに江戸入りの時だけで、あとは隊列をくずして雑談したり、景色のよいところでは立ちどまって眺めたりした。

29 大名行列は朝の四時に出発した

〽お江戸日本橋七ツ立ち、という歌がある。これは大名行列の朝七ツ（午前四時）の出立をうたったもの。陽のあるうちに行程をのばすための早立ちで、日没と共に宿泊した。これより早ければ夜立ちになり、幕府の許可が必要だった。

泊りも夜五ツ、すなわち午後八時、それよりおそく着くことはできなかった。

30 関札で関所は通れない

関札と関所手形とは大違いである。

関札というのは、大名が宿場に泊ったとき、その街はずれに、「何の守旅宿」と書いてたてる札のことである。これは通関用の関所手形とは違うので、関所では何の役にも立たない。

31 行列は決して止まることができない

大名行列の供先に突き当ったり、何か邪魔物があっても行列そのものはそれをはねのけて進んで行くので止まることはない。

供の者が何人か後に残って調べ、善後処置

はしてゆくが、行列自体が止まることはまずなかった。

32 御茶壺のお通りには大名も敬礼した

御茶壺道中とは毎年将軍家所用の新茶を宇治から取り寄せるその上下の往来のこと。大御番衆二人に護られた十余人の一行だが、通過の際は通行人を払う。

大名に出逢ったら乗物を出て敬礼させ、宿場では大威張りで迷惑この上もない。時にはつまらぬことで難題を吹っかけ、問屋場や通行人から金を捲きあげることもあった。

33 江戸城での大名の席はきまっていた

お城の中での大名の詰める席は次の通り。まず大廊下が御三家、大広間が国主大名、帝鑑の間が譜代大名、溜の間になると御家門という徳川の親類分のうちの、諮問にあずかる顧問格の人々。

井伊家は将軍の親戚ではないが、特に代々溜の間詰めである。これは三河時代からの古い家臣で、しかも由緒ある家柄なので、顧問待遇を受け、役職につけば必ず大老であった。

34 将軍の相続予備入としての三家三卿

紀州・尾張・水戸の三家は、徳川宗家に嗣子がないとき入って将軍職をつぐ。徳川の親戚であって大大名、家臣では最高の家格で「御三家」といった。

これに対して「御三卿」は将軍家の準家族で、藩を成さないから家来も多くはない。

相続問題で悩まされた吉宗は、次男宗武を田安邸へ、三男宗尹を一橋邸に置いて、重ねて将軍の補欠になれる手配をしておいた。

九代家重も、次男重好を先例にならって清水に邸を置いた。

この田安家、一橋家、清水家を御三卿といい、呼ぶときは殿様ではなく「御屋形様」という。

将軍への血縁は三卿の方が近く、最後の将軍慶喜は一橋家から出ている。

35　越前家は親類と家来の中間扱い

大名を譜代、外様と二大別したほかに、御三家御三卿という親類があるのに対して、福井の越前家は、秀康卿の由緒で御一門と称し、親類と家来の中間の待遇を受けた。

36　五万石以下は小大名、十万石以上は大大名

五万石から十万石の間が、ただの大名ということになる。

大大名になると、太守様とか、屋形様といって殿様とはいわなかった。

37　国主と城主と領主との違いは

国主というのは加賀前田氏のように加賀、

能登、越中をあわせ持つように、一国以上を領している者である。

薩摩・大隅の島津氏、周防・長門の毛利氏、陸奥の伊達氏など、二十氏でこれを国持二十家といった。

国主ほど領地はないが城を持っているのを城主、持たない大名を領主といった。城のない大名は陣屋を構えている。

38 石高減よりも老中を望んだ水野越前守

天保の改革で有名な水野越前守忠邦は譜代大名だが、肥前唐津の六万石。

九州の大名は、国防の関係で、老中、若年寄などの在江戸の役筋にはなれないきまりがあった。

そこで越前守は猛運動をして、文政元年に遠州浜松へ替った。唐津は表高六万石だが、実際の収入はその倍以上あった。浜松は表高通り六万石だから、半分余の損になるので家来たちは反対した。が、収入減など何のその、どうしても権力が握りたく、無理をして老中になったのである。

39 江戸城で火鉢・座布団は用いない

大名が大広間に詰めている時は、冬でも火鉢や座布団はなかった。むろんお茶などはいっさい出ない。弁当を使うときは湯飲所へ行き、こそこそお茶を飲むありさまだった。

自分の屋敷では殿様だが、ここでは家来

だから、何でも自分でやるようになっていた。

40　大名同士の交際に立会った「出入旗本」

幕府は諸大名に連合されては存立が危くなる。それでお互いに交際するのを嫌った。

といっても大名同士、親戚もあれば、殿中で知り合って意気投合することもある。そこで、まったく行き来しないわけにもいかないので、そういう場合、別に後暗い相談をしたのではないという証人が必要となり、旗本に頼んで立ちあってもらった。また殿中の作法など旗本の方が詳しいので、何かあると指導してもらう。

これを「出入旗本」といい、ふだん諸大

大名同士の交際に立会った「出入旗本」

名と懇意にして、幕府と大名との間の世話役、取次役という形であった。

41　大名同士の結婚を警戒した幕府

この許可制のおこりは、幕府が大名同士の結婚に制限を加えたこと。大名同士が勝手に姻戚関係になり、また公家さんと親戚になったりして、徳川の対抗勢力に育つのを警戒したのである。

42　御三家の行列をさけた大名行列

江戸で大名行列同士が行き合うことはしばしばだが、このときは、行き違うときにカゴをあけてお互いに目礼する。行列はとまらない。これはどんな大名も同じだった。しかし、相手が御三家の場合は、カゴをおりなければならなかった。

それで、御三家とわかると別の道へよけてしまうのが多かった。

43　大名の最悪の転封先は奥州棚倉

大名が幕府のおしかりをうけ、領地を変更されるのが転封だが、その最悪の場合が奥州棚倉というところだった。棚倉は六万石だが、痩地が多く実収はてんで少なかった。

44　幕府から茶器、十徳をもらうのは隠退せよとの謎かけ

これは大名に隠退せよとの暗黙の命令で

ある。今日公務員が定年になると、ぽんと肩をたたかれるのと同じである。

それでも気づかぬ場合は十徳を下賜される。これを二点まで拝領するのは珍しいが、島津斉興は朱衣肩衝《あけころもかたつき》の茶器を賜わったが、無視したため重ねて十徳を下附され、やっと隠居して斉彬《なりあきら》に家督を譲った。

45　隠居大名は江戸に住むきまり

大名の隠居は江戸に住むというのが定めであった。年老いて国もとに住みたくなるのが人情だが、許されなかった。ただし御三家は例外で、水戸黄門は本国水戸の郊外、西山荘に住んだ。

46　大名の三男四男は生涯部屋住みで暮す

長男は嫡子で相続がきまっている。二男はお控様といって、相続人の予備だから大事にされる。しかし、三男以下になると、他家へ養子に行くか、家来のうちへ養子に行く。

分家ということは殆んどなくて、養子の口がなければ、御あてがいといって少しばかりの蔵米をもらって生涯部屋住みで暮すことになる。井伊大老も十四男に生まれたので、三十二歳の壮年まで、わずか三百俵の捨扶持《すてぶち》で埋木舎《うもれぎのや》にくすぶらねばならなかった。その心境は自作の歌、

「世の中をよそに見つつもうもれ木の埋れてをらぬ心なき身は」

によくあらわれている。

47 「仮養子願」という大名の生命保険

慣例として、嗣子のない大名が国もとへもどるときは「仮養子願」を老中へ出すことになっていた。

これは嗣子のない大名が死んだ場合、領地没収という規定があったので、帰国中に万一のことがあったときの用意である。

別条なく翌年参観すれば、「仮養子願」は無用になる。それで出すときも密封したままで出す。万一のときは封を開き継嗣の手続きを取ってくれるが、そうでなければそのまま返す例になっていた。

48 殿様でも門番にはしめ出される

大名の日常はなかなかめんどうなところがあって、屋敷を出るにも東の門から出て、西の門へ帰るというわけにはいかない。西の門へその通知が行っていればいいが、そうでないと殿様といえども入れてくれない。

門番にはそういうかたい人間をおいたもので、広島藩主浅野長勲《ながこと》の談にいちど締め出されたことがあるという。江戸城では家光の乳母春日局がしめ出されたが、両人ともあとで門番を賞めている。

49 大名親子の礼儀作法は厳格だった

親子の礼は絶対で、大名である子が隠退

した親に対面するときでも、必ず袴を着けて敷居越しに礼をする。

話すときもせいぜい親の胸のあたりを見、それから上へは決して視線を上げない。大名だけでなく、上級武士はすべてそうだった。妻も夫の部屋へは入れず、敷居の外でことばを交した。

50　将軍に「お目見得」をしてから相続する

嗣子が将軍に拝謁することは大切な条件である。お目見得を済ませていなかったので相続がかなわなかった例は多い。しかし絶対の条件ではない。お目見得なしの相続例も多くある。

だが、このお目見得が公的にも、私的にも身分地位確立の起点だったことは確かである。

51　大名屋敷の中に農家があった

江戸の下屋敷によくあったのだが、屋敷内に百姓が住んで田畑を耕している。

これは殿様に農事の骨の折れることを教えるためにおかれたという。

52　早打・早馬が使えるのは大名以上だけ

当時の特急便だが、これは武士でも利用できない、大名以上専用の通信手段であった。

有名な、浅野内匠頭の殿中刃傷事件は、この早打・早馬で国元の播州赤穂へ伝えられた。江戸から赤穂まで百五十五里（約六二〇キロ）を、ざっと五昼夜で達している。

53　国元で権力をもった「お国御前」

大名の妻は人質として江戸におかれたので、帰国中のセックス御用にAクラスの側室をおいた。これを「お国御前」といい、奥方とほぼ同じ権力を持ったが、身分はやはり家来であった。美人で権力を持ち、殿様も不在のことが多いから、よくお家騒動のヒロインになる。薩摩島津家のお国御前・お由羅の方がよい見本である。

54　大名の側室は丸顔の健康美人だった

大名の妾には、はじめ京の公家の娘が多かった。大名が京美人にあこがれたことと、公家が貧乏を脱するよい手段だったことによる。が、京美人は体が弱く、子供を生めない欠点があった。そこで、子供がなければ取り潰される大名は、元禄以後（一六八八↓）丸顔の健康美人を求めた。そのため江戸町家の娘を側女として採用することが多くなった。

彼女らにすれば御殿住いができるし、そのうち殿様の子を妊んで、女の子を産めば御腹様、男子なら御部屋様といってとんでもない出世ができる。親も御扶持が出て、武士にとりたてられることもあった。

55　老中・若年寄には大大名を任命しなかった

老中は幕政の全般を見、あわせて諸大名に関する政策を立てた。若年寄は主として幕府直轄内の政務を執り、旗本・御家人に関する政務を執《と》った。大老は非常のときにのみ置くので、ふだん老中は最高の執行機関である。

それだけにこの職には、譜代で十五万石以下の大名にかぎり任命された。それ以上の大名では経済力が大きく、その上に権力を握っては謀叛の恐れがある。

これは家康以来のやり方で、自分の家来でも、多年功労のあるまちがいのない者でも、大身の者を要路に立たせない。

56　老中の登場には太鼓を打ち続けた

老中の登城は正四ッ（午前十時）、若年寄は五ツ（午前八時）である。

老中はたいてい三人から五人いたから、今の二重橋前にあたる西丸下の老中屋敷から、全員が大手門を入ってしまうまで太鼓を打ち続けた。

老中が遅刻しては下のしめしがつかぬから で、それだけ時刻が狂うわけである。

57　寺小屋の子供も老中時間にならった

老中のお城下り（退出時間）は、普通八ツ刻（午後二時）であった。

この四ツ上りの八ツ下りは、一般の標準になって、寺子屋の子供もそれにならったのである。

58　老中駕籠がいつもせせこましく走った理由

これは何か急な事件があったとき、老中のカゴが急いで通ると、すぐに何か大事件があったと一般の者にわかってしまう。

これをカムフラージュするために年中きざみ足といって忙しそうに通るようにしたという。

59　御側御用人には老中待遇の力があった

この役目は五代綱吉将軍からで、今の官房長官のような役柄。設置の目的は老中に集中した権力を将軍側へ取り戻すにあったという。だから政務全般に心添えをする立場だが、ゆきすぎて柳沢吉保や田沼意次のように大きな影響力を持った。

60　大名旗本には鬼より怖《こわ》い大目付と目付

大目付は老中の、目付は若年寄の耳目となって、それぞれ大名・旗本を監察する。

大目付は四人か五人、目付は二十四人が定員である。

侍の非違を見つけるのが任務だから、文字どおり鵜の目・鷹の目で見張り、何かあると支配者の老中や、自分たちの同僚さえ摘発しておとし入れる。親さえ切腹へ追い込んだ例があるので、誰も煙たがって近づかない。目付の方でも大事なとき心が鈍ってはと、親戚ともあまり交際しなかった。

61　小姓は必ずしも少年ばかりでない

小姓は君側にあってお身の廻りの世話をする者。お髪を結い、うがいの手伝いをし、また書類を運んだりする。お話相手になるお伽衆をいう場合もあるので必ずしも少年ばかりではない。稚児さん的存在の前髪立の美少年、あれは小小姓《こごしょう》といって別物であった。

62　奏者番をやりこめた佐賀城主

奏者番とは将軍へ拝謁するとき、姓名や献上品を披露する役目である。

これは大名役の要職で、老中へは会釈するが、若年寄、御側御用人には会釈しないほど権威があった。

あまり威張るため、佐賀城主鍋島治茂がやりこめたことがあった。

奏者番が儀式の予行演習で、一度やって自分の席へひきあげようとし、奏者番脇坂淡路守に呼び返された。そのとき治茂は、

「いま敷居に手をついたではないか。そのことは心得ておる」

とさっさと下城して、並みいる諸大名に溜飲を下げさせた。

63　大小名の家来は「藩中」という

藩臣を呼ぶときは「誰々様ご家中の方」という。これには定府《じょうふ》と国侍の別であっ

た。

定府とは江戸詰の侍のことで、代々江戸詰なので、国元のことは話にきくだけで全然知らなかった。

国侍は参勤交替のお供で、かわるがわる江戸へ出て藩邸勤務となる。これを「勤番者」といった。

64 酒井家の「夜啼き柱」のいわれ

元和五年、肥前大村の城主大村純頼《すみより》が二十八歳でなくなり、あとに残された松千代はわずかに二歳の赤ん坊だった。

この二歳という年齢と、将軍に拝謁を済ませていないというハンディのために大村家断絶は必至であった。

家臣たちは困却して、とにかく江戸へ行って幕府の重臣に請願してみようということになった。その代表にえらばれたのが、大村彦右衛門他一名だった。

彼は老中の屋敷をまわって相続許可のとりなしを頼みこんだ。が、先例がないからと、ききいれてくれない。

そこで、酒井雅楽頭《うたのかみ》の屋敷へ行って坐りこみをはじめ、柱にもたれて悲泣すること数日に及んだ。

雅楽頭がいくらなだめてもきかず、とうとう彼を動かして相続を認めさせた。

酒井家では、彦右衛門のよりかかっていた柱を、「夜啼き柱」といって後々まで語りつたえた。

65　播磨守が七人もいるのはなぜか

武官の官爵というのは、家康が「公武諸法度」の中で「武家の補佐は当官の外たるべし」と定めた。

これは武家の官位が別物で、名儀だけのものだという意味である。

だから美濃守が伊勢の大名であったり、伊勢守が豊前の大名であってもさしつかえない。

播磨守など七人もいたが、これは上等の国なので栄誉のために与えたもの。朝廷の実際の官職とは何の関係もない。後に三千石以上は守名乗りができたが、希望国を上申しておけばたいてい許された。

●大名が〝大名気分〟で旅行したというのはウソ

今でもたまに温泉に行き、大名旅行だ、殿様気分だという人がある。多分、贅沢三昧《ざんまい》という意味だろうが、これぞ時代劇の大名行列から来た殿様ぐらしの虚像である。ではどう嘘なのか？　こんなひどいテレビ作品があった。

ある大名が参勤交替で東海道をのぼって来た。金紋先箱で槍を立て、

「下にー、下にー」

とやって来るあたりはいいのだが、宿場に着き、本陣へ入る段になるともういけない。本陣の玄関に大きな木の札があり、

「脇坂淡路守安美《やすよし》様御宿」

などと書かれている。脇坂安美は播州竜野五万一千石の大名だし、これではまるで会社の慰安旅行ではないか。行先の温泉旅館では、大した人数でもないのに、

「何々会社様御宿」

と仰々《ぎょうぎょう》しい貼紙を出す。あれは客の案内というより、むしろ旅館の景気づけのためだ。そんなのと一緒にされては堪らない。

大名は常時一軍の将で、いやしくも大名行列は行軍であった。無事平穏な東海道といえども、行軍だから宿泊地は「本陣」なのだ。ただ建物を借りるだけである。

その自分の本営に、御宿というのも滑稽なら、自分の名前に様をつけるのもばかげている。完全に温泉旅館と間違えているの

だ。

その証拠には、ひと風呂浴びて浴衣に着替え、一同大広間にあつまって大宴会となる。ひどいテレビでは殿様が出て来て、

「大儀であった。さ、遠慮なく飲め」

と自らも上座で一杯きこし召す。さらに酔うほどに、殿様、

「苦しうない、芸者を呼べ」

と命じ、裾を引いた芸者がぞろぞろ入って来たのを見て、苦しうないどころか呆れはてた。田舎の宿場に芸者がいると思っているのだろうか。あれは三都に限るもの、宿場には飯盛女郎しかおらず、どんな安物買いの殿様でも、こればかりは食指が動くまい。

一体、戦場になぞらえた本陣には女中さえおらず、取込みの時は近所の娘を手伝いに頼んだという。白粉臭い女は禁断の、行軍ちゅうの仮泊なのである。

では何が贅沢の実像なのか？　街道をゆく大名は、飲料水から料理材料まで持ち歩き、本陣では供の料理人が食事を作って出した。宿屋で作ったのを食べるのでもなくまして宴会場に膳を並べるなど言語同断。

風呂桶も便器も殿様専用のを持ちあるき決して共同のものは使わなかった。これほどの贅沢がまたとあろうか。小鳥狂の殿様は、幾つも珍鳥の籠を持って五十三次を道中したといわれる。ほんとの大名旅行・大名気分はこの種のばか贅沢をいうのである。

第三章

「旗本・武士」ものしり54の考証

66　侍は名前を呼ばないで官名で呼ぶ

侍はふつう公式には官名で呼ぶ。例えば、越前守殿、掃部頭《かもんのかみ》殿というふうに――。名前を呼ぶのはやや目上か同輩で、苗字を呼ぶのは目下の者に限った。

たとえば、殿中で坊主が徒目付《かちめつけ》を呼ぶには、部屋の前にきて、

「正五郎さん。島崎殿」

という。正五郎は身分低き徒目付のこと。島崎殿はそれを呼んでいる目付のことである。

67　侍の子は剣道と水泳を稽古する

武士の子は文事と武事の教育をうける。五歳から七歳までは手習い、七歳から読

侍の子は剣道と水泳を稽古する

書をはじめる。読書といってもいきなり大学・中庸の素読で、中味の意味は教えられない。八歳位から師匠のところへ通い、十歳までに四書五経・小学の素読を終えた。その間には聞きかじりで、意味もどうやら自得した。

武事は剣道と水泳である。

68　侍の左足が大きいのはなぜか

これは腰に大小という重いものを、常にさしているから自然そうなるのである。

足首も太く、足の大きさも左右が違っている。野球の投手の利き腕と同じ理屈であろう。

69　侍の子は必ず「素読吟味」に合格しなければならない

侍の子が十二歳になると、湯島聖堂附属の学問所で試験を受ける。特別試験に当る「素読吟味」と、国家試験に当る「学問吟味」があった。前者は年に一度、後者は三年に一度である。これに及第すると「番入り」の資格ができる。逆に合格しないと、家柄がいくらよくても家督相続ができなかった。

この素読吟味に及第して、十六歳で元服すれば立派な一人前の侍である。

70　「公年」と「私年」という歳の数え方

これは元服の十六歳というのを、色々の

事情で、十六歳以下ですましてしまうときに使う。「素読吟味」も十歳位で早く合格してしまい、十三歳でも十六歳という「公年」で元服してしまうのである。親が早死してしまったときなど、家督相続の都合で大目に見られたのである。

71　武士はケンカを見て見ぬふりはダメ

どんな場所でも、刀を抜き合わしているところへ行き合ったら、早速様子を見届け、双方ともに疵を受けていなければ、自分の刀を鞘ごと抜いて分けて入ること。もし一方が疵を受けていたら、その場所に控えて勝負をつけさせる。

これは江戸中期の「武士の心得」を記録したものにある。ケンカを見て見ぬふりは、武士たる者はできないのである。

72　人を切った刀を懐紙で拭くのはウソ

人を切って刀が曲ったらどうするか。

これは目釘穴に糸を通し、井戸に一夜つるしておく。また、座敷なら大きな桶に水を入れ、水より一寸ほど上にさかさまにつるすとよいという伝説がある。

また、人を切った跡を刀から消すには、「馬糞でぬぐうか、わらの灰で何度も脂のとれるまで拭うのがよい」

とも書かれた幕末の書がある。「馬糞」とは恐れ入るし、だいぶ内容が怪しい。

だが、よく時代劇で、懐紙で拭ってポイ

と死体の上へ投げ出しているシーンがあるが、実際はあれだけで脂はとれない。刀の手入れはなかなかめんどうであった。

73　敵《かたき》と狙われたときは討たれぬよう

「敵《かたき》と狙われたものは、討たれぬようにすることこそ名誉である。どんなことをしても逃げるのがよく、少しも卑怯なことではない。我をたてて、逃げないでいるなどはとんでもないこと、逃げに逃げ、返り討にするところこそ大手柄である」

と、「武士の心得」にあるが、敵討となれば討手は討つのが武士道に叶い、仇人は討たれぬのが、これまた武士道に叶うのである。

74　失業旗本のための「小普請組」

幕府は戦時編成のまま平和時代を迎えたので、旗本・御家人の全部を役職につけることはできない。そこで城の屋根瓦がいたんだり、石垣が崩れたりしたとき修理する役を設けた。これが小普請組だが、そんなことは中間《ちゅうげん》・小者でたくさんである。だから人夫だけ出して自分は勤めに出ることはない。後には、その分だけ金納になったから、まったく用無しの非役状態になった。しかし旗本・御家人は常備軍だから、仕事はなくても生活費は家禄としてくれた。

75　小普請からの再就職はむずかしい

いったん小普請入りをすると、よほどの

引きがなければ再度お役にはつけない。そこで組頭や支配など上役へ頼みにゆくが、逢対日《あいたい》といって面会の日がきまっていた。会って頼んでも「含んでおく」という返事ばかり。

「そういつまで含んでばかりおらず、たまには吐き出してくださいよ」

といった組員がいる。

小普請といえども予備役だから、それぞれ組に所属していた。

76　小普請組にいたひどい貧乏侍

無役になると、職についた勤務手当がないので貧乏をする。そこで御家人は内職をするが、傘張りや竹細工はいい方で、中には堺町の芝居小屋の木戸をつとめていた者がいた。

また自分の娘を吉原に売って、自分はカゴかきに姿をやつし、娘の安否をたずねていた者もあったという。

77　「ご番入り」はエリートコース

小普請から認められて役につくなかで、エリートコースといわれるのが「ご番入り」である。

これは、小姓組・書院番・新番・大番など武官たる「番方」の番士になること。侍だから武官がいいわけで、出世も早い。他に勘定方・右筆・納戸方など文官系もあった。

無役になると侍も貧乏をした

78　旗本の最高級は「寄合《よりあい》」という

旗本は三千石以上で非役になると、小普請とはいわず「旗本寄合《よりあい》」といった。これは高級武官の予備役で、中には大名のように参勤交替をする者もいた。

79　大名になった大岡越前の異例の出世

名奉行で知られる大岡越前守忠相も小普請から番入りした者である。

最初のお役は書院番、元禄十五年二十六歳のときである。町奉行になったのは、それから十五年後、四十一歳の働き盛りであった。そして間もなく一万石の大名になり、大名役の奏者番にまで出世した。柳沢吉保や田沼意次など、ごますりで出世した例はあるが、封建の世に勤勉と才能でこれほど出世した人はない。

80 番入りが決まると老中、若年寄衆へお礼参り

番入りが本決まりになると、諸方面にお礼を言いに歩かねばならない。老中・若年寄はもちろん、直属上官を順々に廻るので大変である。老中だけでも四、五人はおり、頭《かしら》支配《しはい》と呼ぶ上役を全部まわるのに数ヵ月も要した。またこれには贈物がつくので、その費用にも頭を痛めた。

81 番方とは常備武官のことをいう

旗本・御家人は幕府の常備軍だが、その中で、番方は殿中の警備と将軍出行の時の警備を主な仕事とする。「番」がつく名前の役は全部この番方である。

番方でないのは文官で、これをすべて「役方」といった。しかし両者とも常備軍だから、戦になれば戦士として活躍することはいうまでもない。

82 「旗本八万騎」実は二万騎であった

享保七年（一七二二）の調べで、旗本二千六百七十人、御家人一万九千八百三十九人、御役料取り千五十八人、計二万三千五百六十七人。

文化九年（一八一二）の調べで、旗本五千二百五人、御家人一万七千三百九十九人、

その他四百八十七人、計二万三千九十一人。

してみれば幕臣の合計は、二万人余で、「旗本八万騎」には遠く及ばない。しかし、この二万人が、戦時には旗持・槍持など従者を伴うので、それをひっくるめれば相当の数になる。

83　「浅黄裏《あさぎうら》」とは田舎侍のこと

田舎侍のことを「浅黄裏」というが、これは殿様の参勤についてきたぽっと出の侍が、田舎者らしく浅黄裏の羽織を着ていたからである。はじめて江戸で「忠臣蔵」を見、吉良上野の憎々しさに、思わず舞台へとび出したりして江戸っ子にばかにされた。

旗本の総数はほぼ二万騎

84 武士でも紙の合羽しか着られなかった

合羽は慶長年間、渡来したイスパニア人の、袖無し裾広のガウンにまねて作り出した雨具である。

はじめ、紙をつなぎ合せ桐油《とうゆ》を塗ったもので、その形から「坊主合羽」といっていた。後に木綿製が出た時、これはなかなかの贅沢品とされた。

千石位の旗本でも、従者の中小姓はなお紙製で、木綿合羽を着るのは家老・用人ばかりといった人たちだけだった。

85 知行取武士と蔵米《くらまい》取武士はどう違うか

知行取とは領地をもらっている武士で、百石取というと、その地から百石の米が取れるという意味。しかし、それをまるまる取るわけではなく、百石のなかに百姓のとり分がある。四公六民といって、まず四十石が取り分で六十石は百姓に与えることになる。だから旱魃の年など収入が減ることもある。

これに対して蔵米《くらまい》取は、幕府の米蔵から現米をもらっている武士。サラリーマンだから、米の出来、不出来にかかわらず収入は一定している。

よく五十俵二人扶持などというが、これは年五十俵の他に、一人一日五合の手当がつくこと。年間、四斗俵にして一人扶持は四・五俵、二人分で九俵だけ別にもらえる。女扶持は一日三合であった。

86　布衣《ほい》以上、布衣以下とは何のことか

布衣とは無模様の狩衣《かりぎぬ》で六位以下の者が着る。これに対して五位以上の者の狩衣は織物で、いろいろな模様がある。

このことから「布衣」といえば、式服をいうのではなく、六位以下の無官の者をさすようになった。狩衣の着用者は高等官で、布衣といえば属官という意味であった。

87　「槍一筋」「馬一匹」が旗本の平均格式

「槍一筋」といえば然るべき家柄の武士という意味。が、具体的には槍一本は百石の士ということ。そして「馬一匹」というと三百石、「乗替の一匹もひく」といえば五百石の士を意味した。それが直参旗本の普通にいう格式であった。

88　禄高に相応してきめられていた軍役

武士たるもの禄をもらっているからには、必ず出陣の時つれて出る人数がきめられていた。それに附随して武器や馬も数がきまっていて、常備しなければならない。

しかし平和が続くにつれ、この体制が無用の長物となるばかりか、武家の重荷になったことはいうまでもない。江戸中期以後、きめられた人数を持つ者は稀れだったし、よろい兜もほころびたまま打捨ててあった。

89　誤解されやすい足軽の身分

武家の奉公人というと足軽が最低みたい

にいわれるが、実はそうではない。

足軽の下に、中間《ちゅうげん》・小者《こもの》がいる。

足軽は苗字も名乗れば刀も二本差す。羽織、袴をつける。これに対して中間・小者は苗字がなく、腰にさすのも木刀一本であった。

90 あわれだった公卿に仕える侍たち

公卿に仕える侍を三石侍といった。公卿の衰微により、わずか三石の薄給であった。「サゴクサ」とも呼んだ。

91 「サンピン」とは最低の侍をいう

その給料は年三両一人扶持で、渡り奉公の中小姓《ちゅうこしょう》などそれであった。下女でも文政年間（一八一八〜二九）には給料が三両であった。

92 若い旗本に嫌われた甲府勤番

甲府城を預かるのは甲府勤番支配といって、四、五千石の旗本がつとめた。なかなか重役で芙蓉の間詰めの身分である。役高は町奉行と同じ三千石。役知が千石あった。

しかし、その下につく甲府勤番は、俗に「山流し」といって誰もが嫌った。山国の勤務で遊び場所がなく、平穏で手柄の立てようもないからだ。よって幕府はこれを懲罰的に命ずるようになった。若い旗本が甲府勤番を命じられてやけをおこし、吉原に居続けている間に、若妻が中間《ちゅうげん》と駈落ち

するというばかな事件があった、

93　役人同士のあいさつの仕方

カゴに乗った高級役人同士が行き違うときは、互いにカゴの戸をあけて会釈を交すしきたりである。

双方の徒士《かち》が何の誰様と声をあげて、互いに相手方の苗字と守名乗を呼び合うのをきっかけに、カゴ脇の侍が戸を引きあけるのである。

が、特に将軍家の一類には、とくべつ駕籠を降りて下座するのが作法だった。が、それが面倒なので、たいてい急いで脇道へそれた。ただし直参の誇りで、立てられている槍は伏せるに及ばなかった。

94　ひげのある武士からひげのない武士へ

江戸時代の初めはまだ戦国の風俗が残っていて、ひげのない武士は「女面」といやしめられた。

頭は、月代《さかやき》（頭部前面）を剃るもの、総髪といって月代をそらぬもの、撫でつけといって後ろへたらしたもの、一束切といって頭のてっぺんで一束に切りそろえたもの、また「がっそう」という自然状態のむさくるしい頭もあった。

頭はまちまちでも、ひげはみんながたくわえた。顎ひげ、口ひげ、頬ひげのほか、「鎌ひげ」という鎌型に上へはね上げたのもあった。皆、強そうに見せるためである。

しかし江戸中期、文治政策が効を奏する

と一転して、ひげはたちまち嫌悪、排斥されて消滅した。

剃るだけでは足りず、暇さえあれば毛抜で抜きとる風習になり、客室には「書院毛抜」なるものが、煙草盆に添えて出してあった。

95 ひと眼でわかる旗本と御家人の門

開き門でたっているのが旗本。御家人の家は主として木戸という風に、入口を見ただけで区別がついた。

96 二尺以上が刀、脇差は一尺九寸九分まで

刀の寸法につき、幕府はたびたび法令を出しているが、刀は二尺以上ということはまず変わらない。普通は二尺八寸前後。

二尺より短いものは脇差である。両刀を帯する武士はこれは短くてもよいが、町人が旅に出るときなど、なるべく長いのがほしい。二尺ぎりぎりまでのを差した。特にやくざは命がけなので、法定以上の長脇差をさした。刀の長さは鍔元から切先まで、湾曲分を入れぬ直線の長さをいった。

さむらいの子は十三、四歳までは、脇差だけ腰にさしていた。

97 武士はもちろん町人でも夫婦は離れて歩く

武家ではまず夫婦つれ立って外出すると

いうことがなかった。供のない下級武士でもそうである。やむを得ず同行するときは、離れて道の両側を歩いた。

これは、妻がお供のように見えるからではなく、女と連れ立つのを柔弱としたからである。夫婦がアベックで歩いたのは、慶応二年（一八六六）坂本龍馬が妻のお竜と伏見の町を歩いたのをはじめとする。

98　江戸の武家地には丁目がなかった

江戸の中、武家地に町名はもちろん「何丁目」などはない。町名と丁目があったのは町地だけである。町地は六十間四方の区画を一町とし、その区画が幾つも集まって一つの町名を持ったとき一丁目、二丁目と

武士はもちろん町人でも夫婦は離れて歩いた

呼んだのである。

99　武家屋敷に表札はなかった

大名屋敷にも奉行所にも表札はない。規模や門構えで自然に覚えられていた。一般の武家屋敷にもそれはなく、盲人が検校とか勾当とか官位を書いて出しておくことはあっても、名前は出さなかった。ただし、医者は人命に関するので、官医も町医者名札を出していた。

100　武士は町屋には住めなかった

当時の法規で武士の住むところをきめてあったので、町人の住む町地に勝手に居をかまえることはできない。ちゃんと巡察する者があって、違反者の宅地は容赦なく公収されてしまう。ただし、それは江戸中期までで、幕末になると小普請などでたらめであった。

101　武士の結髪は男手に限る

旗本でも三千石位になると、専用の髪結小姓をおいていた。さもなければ、家来のうちに髪の結えるものを一人入れておく。人をやとうほどの資力がない武士は、自髪の士といって自分で結う。いずれにしろ、侍の髪に女が手を触れるのは柔弱として嫌われた。また髷を結うのに力が要り、女の手には負えなかった。

102　武士は許可がなければ結婚できない

許可願いを出すのは旗本・御家人とも、頭支配を通じて前者は老中、後者は若年寄あてである。大名の家来たちも組頭を通じて大名へ出願することになる。

この許可がおりると、もう結納をしなくても、その縁組は成り立ったも同然、式をあげようと、数年後になろうと、法律上は夫婦と見なされた。

ただ、式をあげない間は、決して当人同士の行ききはなく、会うこともなかった。

武士が町人から嫁を貰うのは原則としていけない。士分以上が、士分以下へ縁付くのもまずまずに不可。身分が封建制のバック・ボーンだからである。

103　幕臣は身分の上下にかかわらず外泊できず

幕府の家来たるもの、身分の上下にかかわらず、自分勝手に泊り歩くことはできなかった。一晩でも家をあけるには頭支配《かしらしはい》の許可を要した。

武士は常備軍で官舎住いだから、不意の出動に備えて待機するのはあたりまえであった。

外泊したことが露顕すれば、悪くすると切腹ものである。もっとも公用の場合は別である。

104　武士の遊覧は日帰りのできる場所だけ

武士は遊びに出かけても、夜は必ず自宅

に帰っていなければならない。もし帰れないと「駈落者」とされ、無断外泊として厳罰される。

ではその日のうちとは何時までか。子の中刻（午後十二時を中心の四十分）が境目。それ以前が今夜で、それ以後が翌朝である。四十分の幅があるが、日帰りとは少なくとも午前一時前に自宅に帰っているということである。

105　安政以後堕落した本所の旗本・御家人

安政以後、目立ったのが本所の旗本や御家人ゴロ。この本所に多いのは小普請という無役の侍であった。

それも幾代もつづいた小普請で、頭をもたげる機会もないところから、貧乏とやけが働くようになった。

上下《かみしも》などとっくに売り払い、不意に登城でもするときは、友達の上下を借りていった。屋敷内の中間《ちゅうげん》部屋を賭場にして、外から客を呼んで来る。ひどいのは女をおき、売春宿に貸している奴もいた。そんなのは着流しに落《お》とし差《ざ》し、何かすさんだスタイルだが、妙に、「直侍」みたいな美男が多かった。

106　切腹すれば不起訴処分になった

武士が罪を犯して喚問され、申し開きが立たぬとき、喚問と同時に割腹するのが普通である。

罪名がつけば、本人が処刑されるだけでなく、その家が潰れてしまう。家が潰れないように本人が死ぬ。死ねば不起訴処分になって、家は助かるのであった。

これらの刑罰は、いずれも評定所の申渡しを待って執行するのである。なお、閉門中でも禄をとめられることはない。

107　武士の閉門、逼塞、遠慮とは何か

閉門とは、門を閉じ、窓を塞ぎ、屋外との出入りを断つ。だが夜間にはひそかに交通することを黙認されていた。

逼塞《ひっそく》とは、閉門より軽く、表門を閉鎖するだけで、昼間でも目立たぬように出入りした。

遠慮とは、門は閉じても潜戸《くぐりど》は引寄せただけである。ただ謹慎の意を表示する形式までに門を閉じるにすぎない。

108　武家屋敷の自身番は辻番という

戦国の余風おさまらぬ江戸初期、辻斬が多く行われて庶民を恐怖させた。そこで寛永六年（一六二九）、幕府は大名・旗本に命じて辻番を作らせた。これは通りに面した屋敷の一部に、番所の建物を建てさせたもの。

辻番が怪しい者を捕えたときは、屋敷より幕府の目付へ達し、その指図を受けることになっている。

町奉行管轄の「自身番」とは別ものであ

る。

109 「お目見得」以下は下級武士

下級武士とは幕府なら「御家人」、諸藩なら「軽輩」「下士」がそれに該当する。いずれも主君に拝謁の資格がない。したがって社長にその存在も知られないような大会社の平社員のようなもの。

この下級武士の底辺には、中間《ちゆうげん》、小者《こもの》といった上級武士の家来もいる。当然ながら、下級武士の生活は陽の当たらぬ苦しいものであった。また残された記録も乏しいので、ほんの一例を知ることができるに過ぎない。

110 叙位も官職もなかった「御家人」たち

御家人とは徳川家の私的な使用人という意味。家子《いえのこ》・家僕・家士と同意味である。禄は二百石未満、それ以上は旗本である。旗本とちがって叙位もないし、官職に任ぜられることもない。

では、武士につきものの「家格」もないかといえば、それは御家人同士の間にもちゃんと上下の差はあった。

「譜代」「二半場」「抱席」がそれで、つまり三階級に分かれていた。

111 御家人の家格の三階級

前項の三階級を説明すると、まず「譜代」。

これは「譜代大名」などという「譜代」と同じで、家康時代からの家臣。待遇は、孫末代まで身分を保証されている。役職のいかんにかかわりなく、扶持がもらえる。これが御家人では最上等。次は「二半場《にはんば》」。これは準譜代で、待遇は職務（家督）を自動的に子にゆずることができた。つまり老後保証はないが、そのかわり息子（養子）があとをつげるから、やはり喰いっぱぐれはない。

「抱席《かかえせき》」は退職と同時に扶持がなくなる。息子もあとを継ぐのでなく、新規採用ということになる。もちろんこれは喰いっぱぐれもある。

112　譜代御家人のなかに「席以上」「席以下」の別あり

家督相続や役儀を言い渡すのに、城内と、組頭など上司の自宅とに分けた区別による。城内は躑躅《つつじ》之間、焼火の間だが、そこへ呼ばれるのを「席以上」といって優遇し、槍を立てること、自宅に玄関を構えることを許した。むろん「席以下」には許されない（与力と徒組の席以下は例外）。

以上が御家人の家格だが、万事この家格通りかというと、そうでなく、むしろ禄高（給料）の格づけの方が、文書や席順でもものをいった。つまり禄高順に並べたようである。

113 御家人の格は服装で見分けるのが便利

服装、つまり勤務スタイルが四種類、これを上から順に、

上下役《かみしもやく》——上下《かみしも》を着て勤務。徒目付、支配勘定、勘定吟味役など。譜代で百俵前後の役。役方の事務官。

役上下——出役時のみ上下、勤務は羽織袴。勘定吟味役など、三十～八十俵で、役方の下廻り。おなじみ町方与力もこれ。

羽織袴役——羽織袴で勤務。主に同心、三十俵以下の小役人。

白衣役《びやくえやく》——小袖や半纏で勤めた中間《ちゆうげん》・小者。

掃除之者・駕籠之者——サラリーは十～十五俵と少ない。

これらは時代劇に脇役として常時登場、服装によって見分けることができる。なお、三田村鳶魚《みたむらえんぎょ》は前記の「譜代」「二半場」「抱席」を三等といい、服装分類を四種といっている。つまり三等四種が御家人の格付けのポイントなのである。

114 三日に一日出勤のノンキな「三番勤め」

御家人の勤務ぶりだが、まるで自宅待機のようなもの。徒目付、勘定方など役目によっては多忙を極めたが他の殆んどの役は人手が余っていた。これは戦時編成のまま平和時代をむかえたため、人が多く仕事が少ないのだから仕方がない。それだけ薄給にもなったが、これまた機構上やむを得な

かった。

115　御家人は全て官舎住まいであった

幕臣は組屋敷といって、組職場ごとに一カ所に集まって住んだ。大番組、御徒組、鉄砲百人組から、鷹匠同心、駕籠之者まで皆そうであった。独立して勝手に住むことはない。御徒町、同心町、駕籠町などの町名のある場所がそれ。

ふつう組屋敷は一区画を一つの組に給し、適当に配分させて、これを「大縄地《おおなわち》」といった。

一軒分は時代によっても異るが、与力で三百坪、同心で七十七～百坪位。今日から見れば、夢のようにゆったりしている。

116　御家人は皆内職にはげんだ

ひまで安月給なのだから、御家人は熱心に内職にはげむ。貧乏御家人の登場するテレビの時代劇で直接商人と掛合っているのがあるが、あれは間違い。材料の購入や問屋へ製品をおろすのは個人ではやらない。すべて共同購入、共同出荷であった。

御家人の内職で有名なのは、青山の傘、巣鴨の羽根、山手を通じて凧張り、小鳥、島針摺、竹細工などである。

117　職場が変われば屋敷は明け渡す

御家人には一代抱え（抱席）もあり、また転勤、出奔、処罰など組屋敷の住人に移動はまぬがれない。

そんな時は官舎だから、すぐ明け渡さねばならない。明屋敷《あきやしき》奉行という役人がいて、期限を切っていつまでに立ち退けと命じた。転勤ならば新役の組屋敷へ引越すが、出奔、受刑のときは、家族は親類か町屋住いへ転落するしかなかった。したがって、違う組の者がひとつの組屋敷にまぎれこむことは絶対になかった。

118 **御家人よりもみじめだった諸藩の下士**

御家人はそれでもまだ恵まれている。諸藩の下士、軽輩は身分からも、経済的にも武士たる不合理のしわよせが全部集まってくる。

ここに下士とは、徒士、同心、足軽、中間、小者、郷士のことだが、呼名はむろん三百近い諸藩によって異なる。広義の武士であって、士分（上士）でないもの全てがこれに入る。

彼らの生活は千差万別、地方により、藩によって異なる。とても公約数を出せるものではない。

119 **上士に出逢えば雨中でも下駄を脱いで平伏**

本当だろうかと思いたくなるが、封建制度にある階級理念はこのように徹底したものであった。

福沢諭吉は豊前中津藩の出身。家は十三石二人扶持の下士であった。

封建制度の壁は厚く、どんなに功績があっても、才能があっても上士にはなれない。縁組もできない。まして恋愛など気狂い沙汰である。言葉遣いまで違う。しかもこれを自然法則のごとく、当然として怪しむものもなかった。

中津藩では二、三十石もあれば、ふつうの家族でまず生活はできたというが、下士では十五石どまり、十五石といっても正味は六石。夫婦だけならともかく、三人五人の子持ちでは暮しが立たない。

不足分は内職をして麦、粟を買い、粥や団子に作ってその日をすごすことになる。内職には細工物や仕立物があり、夫婦で朝から夜中まで稼がねば追いつかなかった。

やがて、こっちの方が本業で、公務の方が内職の観さえ呈し、果てはすっかり侍臭が抜け、職人気質が身について、武士か町人かわからぬ者がいたという。

これでは何のための武士かわからない状態だった。

●ござる言葉は格式張ったおおやけの席上で用いられた

流行語あり横文字ありといった、かなり現代的なチョンマゲ物でさえ、さむらいのござる言葉だけは今も昔もまかり通っている。この一見こっけいなござる言葉、はたしてどの程度使われていたのだろうか。

かく言う著者とて、別にタイムトンネルに入って確めたわけではないけれども、恐らくは格式張った公《おおやけ》の席上でだけ用いられ日常の会話は、ほぼ現代のわれわれに近い言葉ではなかったか。勝小吉の自叙伝『夢酔独言』は幕末の御家人言葉そのままだが、相当乱暴な言葉使いである。こんなところで気取ってみせるより、武家生活の格調の高さを表わしたいのなら、むしろその生活態度にこそ示されるべきである。

たとえば「常に戦場にあり」の心がけでさむらいは夜以外女を近づけさせず、登城の際の身じたくなども、すべて従者にやらせていた。テレビなどでよくかけるように初々しい丸髷姿の新妻がいそいそと身のまわりの世話を焼いたり、さむらい夫婦が真昼間からべったりとくっついていたりすることはなかったのである。そういう点にこそ、武士の日常生活があるのであって、何も不便なござる言葉をしかつめらしく駆使させるには及ぶまい、と思うのでござる。

第四章

「町人・火消等」

ものしり58の考証

120　屋敷奉公は嫁入りの条件

町人の娘が武家を仮親にして屋敷奉公をすることは、元禄以後の新しい傾向で、支配階級への憧れのあらわれである。

もともとこの奉公は花嫁学校の意味を持っていて、自然に行儀作法を覚え、いいところへ嫁入りするためであった。何々侯の屋敷へ奉公したことがある、というだけで箔がついた。それだけに、江戸後期に武家の権威が落ちるとともにご利益《りやく》の方も消滅した。

これとは逆に、奉公中、殿様のお手がついて思わぬ出世をするのを目当の不埒《ふらち》な例もあった。

121　下女の定義は「下の女中」から

女中にも階級があって、主人の側の用事をしているのを上女中、上つかいといった。それから仲働き台所働きがある。この仲働き以下を、上の女中に対して、下の女中という。この下の女中を省略したのが下女ということになる。

122　看板娘の始まりは絵草紙屋

江戸のしきたりからいうと、普通商家では店へ女を出さなかった。

しかし、天保頃になると囲い者（めかけ）や岡っ引の女房などが絵草紙屋を開いて女っぷりを見せつけるようになった。もっともいかがわしい商いとして軽蔑される風はあったのだ。

それが幕末になると珍しくないようになった。

筆屋の娘が、一々筆の先をなめて売ったので、「なめ筆」といって有名になったり、「出し下駄」といって下駄の鼻緒をお上さんがたててくれる時に、際どい様子を見せるのが有名になったところもあった。

123　町娘の元服とは？

民間の女の元服というのは、眉を剃り落とし、歯を黒く染める。半元服は眉だけ落として白歯でいる。

124　イナセで邪険な男にシビれた江戸女

ベランメーの江戸ッ子は、「女が何で珍しい、日本の半分は女だ」といって、女に甘いと言われるのを恥としていた。だから、女を手荒く扱い、その邪険で横暴なところにシビれるふうがあった。

〽野暮のお方の情あるよりも
　意気で邪険がわしゃ可愛い

と小歌にもある。一種のマゾヒズムともいえる。

125　世話女房とは粋で、やり手で、話せるタイプの女房

家業の万端をシャキシャキ切り廻す、文

字どおりの女将。材木屋など、亭主は仕入れに山廻りをするので、店は女房が一手に引受ける。だから荷主がくれば、饗応のため、一緒に花柳の巷にも出入りする。

そしてときには、自分の亭主が通うおいらんに、よろしく頼むといってやる。そうかと思うと、気に入らない荷主だと相手をやりこめたりする。

粋で、やり手で、話せるという独特のタイプであった。

126 火事が生んだ江戸ッ子気質

江戸時代には銀行がないので、火事があると金持ちがいっぺんに財産を失い、良家の娘が吉原に身売りする、というようなことがざらにあった。

これに対して裏店《うらだな》の細民は、火事があっても失うものは何もない。かえって大工や左官は、家の再建によって手間賃が上るので喜んだ。「火事と喧嘩は江戸の華」とはそのいわれである。

127 「水道の水で産湯をつかった」とは

おなじみの江戸ッ子の自慢だが、この水道とは、神田上水、玉川上水のこと。

これは江戸時代初期に大変な大工事で、江戸だけに見られた人工の地上運河である。

江戸は十七世紀はじめの新興都市で、山手は水質が悪く、下町は埋立地で水がない。そこで長距離の水道を掘ったもので、当時としては文化的な施設で自慢のたねになったのである。

128　官民別々の火消制度

まず、定火消。これは十人火消といって十人の旗本が選ばれた。「火消屋敷の殿様」といって、与力、同心の他に二百人位のガエン（消防夫・後述）をかかえていた。

役料は三百人扶持だが、とてもこれだけでは足りないので、金持ちの旗本が選ばれたのである。

次が大名火消。これも幕府の命令で担当地域を指定された十一人の諸侯があった。

他に方角火消。これは四人ずつ八人が、大手組、桜田組に分かれて、お城の警備に出るのである。やはり大名火消である。

以上が官設火消。火事が大きくなると臨時に大名に火消を命ずる奉書火消というのもあった。

民間では町火消。有名ないろは四十八組である。

この官民の火消が、それぞれ自分の持場の火事を消したのである。

129　表門さえ焼かなければいい武家の火事

武家屋敷の火事は、門さえ焼かなければ表向に火事に遭ったといわなくて済むのである。

それで、もし自分の家から火事を出した時は、自分の家だけで消し止めてしまえば、

表門さえ焼かなければいい武家の火事

別に面倒にならなくて、火災を内分に済ませられる。

だから、たいてい門を開かずに消してしまった。

中が大騒ぎでも、門が閉っていれば、手伝いのものもこない慣例になっていたという。

130 消防夫はガエン（火焔）と呼ばれた

これは定火消に属する消防夫で、武家奉公人だから中間《ちゅうげん》に当たる。それを庶民もガエンと呼んだ。

ふだんは火消屋敷にいるが、火事がなければひまなので、毎日バクチをして遊んでいた。

131　年中、法被一枚で暮したガエンたち

ガエンには衣服というものがない。年中法被《はっぴ》一枚で暮していた。

かわりに全身に文身（いれずみ）をしていた。寒中でもそれで通したという。そのかわり湯へは、毎日三度も四度もいったそうである。

132　銭差《ぜにさし》を乱暴に売りつけたガエン

このガエンの日常生活はゴロツキ同然、乱暴者で通っていた。特に商家が困ったのは、このぜにさしの押売りであった。

江戸の小売商人は穴のあいた銭を扱うので、わらをないた銭差というものが必要だった。

ガエンはこれを法外な値段で売りつける。買わなければ、凄い文句をならべて店頭を動かない。

火事のときの混雑にまぎれて、何をされるかわからないという意味があるので、おとなしく扱っていると図にのって暴れた。

133　質札になったガエンのふんどし

ガエンは、ばくちの元手がなくなると質屋へくる。大して質になるものはないので、しているふんどしを質入れした。

これは火事場へかけつける時のただ一つの装束だから、質屋でも木綿のふんどしに一貫文を貸したという。ガエンの方でもその夜中に必ず請出したそうである。

134　火事装束を競った大名火消

いざ火事というときに着る武士の火事装束だが、これがそれぞれ大名によってちがった。

江戸の市民は、方角火消をつとめる大名を大名中の大名だと思っていた。

また、戦争のない泰平の世に華々しい火事装束で出馬するのは、殿様の晴れ姿であった。

だからなかなか力を入れたのである。

135　火消上手の浅野内匠頭

殿中松の廊下で、刃傷に及んで切腹させられた浅野内匠頭も、生前は火消上手で評判だった。

奉書火消といって、火事がひどく大きくなった時、臨時に幕府が大名に命じる火消方で、内匠頭はよくそれに出た。

「浅野が出たからもう火事は消えるだろう」といわれる程だったという。

136　いろは四十八組の町火消

この町火消に属する消防夫を鳶者《とびのもの》といった。どのくらいいたかというと、安政の「町鑑」に九千七十九人とある。

これを江戸の町を四十八に分けて、いろは四十八組といったのである。

なかでも威勢のいいのは神田や芝の組だが、その鳶者は勇み肌で鳴らした。

武家のガエンと違って、町の人達になか

なか人気があった。

身なりなども、こざっぱりしていて江戸ッ子の代表とされた。

137 火事の消し方

竜吐水《りゅうどすい》という消防ポンプが使われるようになったのは、享保の町火消ができてからで、それまでは、水で火を消すよりも、もっぱら叩きこわして焼いているものをなくすという破壊消防であった。鳶口というのはこの道具なのである。

ポンプが使われたといっても、ギッコンバッタンの手動式だから知れている、というわけでその後も破壊消防は相変わらずあった。

138 火消は江戸の華

江戸三男といえば「与力・相撲に火消の頭」といわれる。与力は町奉行所の与力、相撲は人気力士、それに火消というわけだが、火事に活躍する火消の働きが見事だったからである。

火消は市民に最も人気のある存在で、なに組の誰といえば、畏敬の念で迎えられるほどだった。

139 広小路は防火のための火除地だった

幕末まで盛り場だった両国の広小路、上野の広小路はいずれも火除地といって防火のための空地だった。

空いているから、そこへ見世物や種々の

興行が立つ。しかし火防地の興行は全部小屋掛けで、将軍お鷹狩りのときなど、目ざわりだというので取り払われた。

140 御家人の俸禄の代理受取人が札差

御家人は幕府からの俸禄を、幕府の米蔵から現米で渡される。しかし二万人もの御家人が一度に取りにきては困るので、蔵前の茶店の亭主に頼むようになった。このお蔵米代理受取人が札差である。

受取った米は入用なだけ御家人が取り、残りは札差が換金してくれる。そして、一俵につき幾らという手数料を取った。

札差という名前は、預った米俵に何々様と書いた札を差しておくところから起ったという。

141 幕府から公認された札差

享保九年（一七二四）幕府は大岡越前守の建策で、百九人を指定して札差の営業を許可した。

今の厩橋から柳橋までの川添いに幕府の米蔵があり、札差は堀ひとつへだてたその前面の地区に集まっていた。この百九人に限ったところから、札差の株の売買が起った。後に甘い汁が吸えることがわかると、株が高くなったのはもちろんである。

142 お蔵米はどのように支給されたか

三季御切米といって、俸禄を四分し、春

夏両度に四分の一ずつ、冬になって残りの半分を渡すきまりだった。よって「切米」という。

しかし扶持方は毎月渡しであった。

扶持方とは、何人扶持といって本俸に加給されるものである。男扶持一日五合、女扶持三合のきまりであった。よく「何俵何人扶持」などあるのがそれである。

143　便利がられた札差の米切手

お蔵米支給日には、受取る側は大八車を引いて取りに行くのだが、その日の蔵前は大混雑である。それに毎月ではめんどうでもある。

この混雑緩和のため、札差の登場は蔵役人にも、また受取る方にも歓迎された。

勘定所発行の米切手を札差にあずけておくと、すいているとき現米を受取り、希望に応じて換金してくれたからである。

144　札差と武家の悪因縁のはじまり

旗本御家人の窮迫は、寛永（一六二四～四三）頃からはじまったが、切米切符を担保にして借金の訴訟が多くなったのは天和（一六八一～八三）の頃からである。

札差自身も貸すが、ほかに貸手を紹介して手数料を取ることもあった。

金主も現米を握る札差の紹介だから、安心して融資した。しかし、この融資は危険の多い武士相手だけに、町人相互の利息より高かった。

当時の公定利息は年一割五分だが、年二割から四割の高利息を取った。すると武家は苦しがって借金をふみたおしたり、おどしたり、腕力をふるうのが出た。そのため札差は剣術を習い、後には腕力でも対抗できるようになった。

145　高利貸の手数料は札差にはじまる

札差が高利をむさぼったのは、算勘に不得手な武家相手で、しかも危険率が高かったからである。紹介の形にする場合は、手数料のほか成功謝金を取った。それでも足りず、返済証明の証明料を取るなど、あくどいやり方は際限がなかった。

紹介する金主は身分が高ければ高いほど、返済の催促におどしが利くので、隠居した高官や高僧の名をちらつかせた。もとより名儀だけなので、これを「名目金」という。

146　「十八大通」は札差の成金

当時、吉原や世間でもてはやされた「十八大通《たいつう》」は半分以上が札差の成金である。

彼らは金を湯水のように使うばかりか、人目を驚かす風俗、武家を恐れぬ仁侠の風《ふう》を帯びるに至った。

有名な大口屋《おおぐちや》暁雨《ぎょうう》も札差であった。粋《いき》に徹し、侠気あり、大いにカッコよく立廻ったが、実は金の光りによるもの。ある日、通りかかった町でやくざが暴れている、取り押えてほしいと頼まれ、腕を取ったとたん暴れ者は静まったが、実は瞬間、相手に金を握らせていたのである。

147　自身番と木戸番の違い

江戸の各町には自身番が設けてあった。これは元来、町内の地主が順番に詰めるのでこの名前があったが、のちには町でやとったものをおいていた。

自身番屋の屋根に梯子をたてて、半鐘をつるし、火の見をつくり、そばには天水桶をおいた。

木戸番というのはそれとは違い、町々の境におかれた木戸の番をするのである。

夜分は木戸を閉めてあやしい者は通さないが、医者と産婆だけは潜戸から通したという。

木戸を通った者があると、送り拍子木といって、通った人数だけ拍子木をたたいて、次の木戸番に知らせたのである。

木戸番のことを、番太郎、略して番太という。

自身番は町内会の事務所だが、木戸番に当るものは今日まったくない。

148　名主はいまの区長

江戸の町には、町年寄、名主、家持（地主）、家主（大家）という町《ちょう》役人がいた。

町年寄は三人、樽屋藤右衛門、館市右衛門、喜多村彦右衛門である。

どれも家康に従って三河から来た由緒の家柄で、苗字帯刀、熨斗目《のしめ》の着用を許され、世襲であった。

これに対して各町を支配したのが名主である。

いっさいの町務と、軽い紛争の処理権も持っていた。今の区長に当るが、権限はずっと大きかった。

149 地主と家主は大違い

家主とは、落語の「大家さん」であるが、いまの大家のように貸家業を営んでいたわけではない。

家持（地主）に代わって持家を管理し、町内の雑務を処理する地主の使用人である。つまり地主から給金をもらっていた。

150 なぜ「大家は親も同然、店子は子も同然」か

これは落語の大家が、ふたことめには口にする言葉だが、なぜこんなに面倒見がいいかといえば、それは地主の態度が長屋の住人に対して恩恵的、つまり親切から出ているからである。

地主は長屋からの利益をあてにしていない。空地にしておくより、困る人に貸して評判をよくする。また半ば社会奉仕の気持もあった。

この態度が大家にひきつがれているのである。

151　家主の権利で人選びができた

これは家主の権利で、町内にああいう者を入れたくないと思えば拒むことができる。商売によっては場所を指定したりもする。

それで、小言が多いとか意地が悪いとか言われる家主もあり、大いに話せて、地主からも借家人からも喜ばれる家主もあった。

152　毎年十二月二十日から売り出す暦問屋

江戸時代の暦は、年々土御門家より幸徳井家の手を経て原稿を下附せられ、大経師がそれを上梓し、毎年十二月二十日に売出す。大経師とは、朝廷御用の仏画や表具の職人長であり、その者に公益事業の暦本を任されていたわけである。

当日は知己を招いて盛宴を張る例で、深夜まで売子が新暦本を仕入れにくる。翌日からは「大経師暦」と町々で呼売りし、市人は争ってこれを求めた。

153　貸本屋は禁書の抜け穴

出版すればすぐ差止められる本といえば春本だが、お家騒動を書いた実録体小説なども、よくひっかかった。

これらを写本という形で、貸し出して大繁盛したのが貸本屋で、もちろん何度も押えられたがまたはじまる。この写本が今日の週刊誌にあたる働きをしたといえよう。

154 読売りが売り歩く瓦版

瓦版の語源は二通りある。

一つは、河原の興行物、つまり芝居を報道したところから「かわら版」という説。

もう一つは、木版よりも手軽に彫れる土版木という瓦のような原板をつかって刷ったからという説。

いずれにせよ、この瓦版を売るのは笠をかぶった二人連れであった。

彼等は細い竹箸のような「字突き」で、左手に瓦版を持ち、字突きでポンとたたいて唄いだすのである。

評判の事件を七五調で、節おもしろく唄ったのである。

なお、笠はかぶっていても、夜売り歩く

瓦版を売るのは笠をかぶった二人連れ

ことが多かったという。

155　ケチになった江戸ッ子

江戸ッ子というものは、浅はかで、向こう見ずで、喧嘩っ早い。

「宵越しの銭は持たねえ」というのが自慢だった。何事かあれば、すぐ草履をぬぎすてて、足袋はだしになって駈け出すという癖もあった。それが、幕末も文久（一八六一〜六三）からは、草履を脱いで腰へはさみ、足袋も懐中に入れてから駈け出すようになって故老を歎かせた。

156　火事が江戸の花だった理由

べらんめえの江戸っ子は、大工・左官・鳶職など裏店《うらだな》の住人だ。火事があっても家は貸借りだし、焼ける道具もないのだから平気である。おまけに大火のあとの復興には、職人がひっぱりだこになるので手間賃が上る。金持・持物には災難だが、江戸っ子にとって火事は花見以上であった。

157　経験の多いのを信頼された医者

「千人殺さなければ一人前の医者とはいえぬ」

といって、医者はただ経験の多いのを信頼された。

「医者は匙が廻らぬ」といって、医者の学問はあってもなくてもいいように思われていたのである。

物騒な話だが、蘭方医者が出るまでそれが続いた。

158 徒歩医者と乗物医者の違い

医者が病人の家へ行くのに、歩いていくのと、カゴで行くのとがあった。

むろんカゴの方が、薬礼から何から、ひどく高くなる。それだけに乗物医者になると、ぐんとお得意がへるので、よほどはやる医者でないと乗物医者にはなれなかった。

159 砂糖は薬屋で売った

江戸では白砂糖のことを唐三盆といった。

これはいうまでもなく輸入品だし、貴重なので、薬屋で売っていた。

また砂糖漬も薬屋で売った。

160 歯みがきの好きな江戸ッ子

歯みがき（磨き砂）売りは一袋六文八文ものを売り歩くが、一袋で一ヵ月から二ヵ月は使える。これが商売になるのは、江戸ッ子が歯を白くすることを大切にしたからである。

歯みがきを使うか使わないかで、江戸ッ子か田舎者かがわかる位、ちょっとした悪たいにも「口中が臭いぞ、黙ってろ」と言った。「お早う」の歯みがき売りといって、毎朝早く歯みがきを入れた箱を緋縮緬の紐で肩に掛け、「お早う」といって売り歩いた。

161　二千両もらった幕府の医官・狩野玄竹

慶安三年（一六五〇）正月、堀田伊賀守が大病にかかったとき、幕府の医官狩野玄竹が命ぜられて、その治療にあたった。幸い、いいあんばいに全快したが、その褒美として幕府から玄竹へ金千両を賜った。また堀田家からも薬礼として千両くれたので、合せて二千両の収入となった。二千両といえば今の二、三千万円に当り、診療費としては最高である。

162　御典医の受ける坊主の位

法印《ほういん》、法眼《ほうげん》、法橋《ほっきょう》というのが医官の位である。これは僧正、僧都といった坊主の位とは別だが、法印は僧正に、法眼は僧都

二千両もらった幕府の医官・狩野玄竹

に相当して坊主扱いである。

いったい、医者の身分は何かといえば、武士と庶民の中間で庄屋ぐらいのところであった。

163 御匙とは将軍附の医者

御匙というのは、御典医の中でも、将軍とその家族を診《み》る奥医師のことである。これは江戸時代に最高の権威を持っていた。

164 江戸前とは江戸城の前面ということ

場所でいえば、大川より西方、御城から東方に当たる。つまり江戸城の前面をいい、広い江戸の中でも中心部を指している。だから「江戸前の鰻」といえば、精選された鰻の意味になる。

165 江戸でもてた色男は勇み肌

これは江戸前の鳶の者、つまりきっすいの江戸ッ子。そのなかでも火事を相手に働くだけに、グズはいなくて、平生からキビキビしていた。

物の言いよう、身体の動き、コザッパリした男前、チョンマゲの頭つきから突掛け草履の足の先まで、なんともいえないほどすっきりしているのである。

こういう男を若い娘や、おかみさんはもちろん、商家の旦那にも妙にうれしがる風があった。

もっとも中味のほどはあんまり保証でき

ないが、運動神経のある若者であることはまちがいない。

166　町家に奥様はまちがい

今なら敬称のつもりで、どこでも奥さま、奥さんというが、江戸時代の「奥様」は旗本に限っていた。武家には表と奥があり、男は表、女は奥にいる。その奥向の総括者だから「奥様」なのである。

その他の人妻の呼び名は左のとおり。

将軍家では御台様《みだいさま》・御台所《みだいどころ》。

御三家、御三卿は御簾中《ごれんちゅう》。

将軍の娘なり養女なりで、諸大名のところへ嫁に行った方は御主殿様。

十万石以上の大名では御前様。

平大名では奥方様。旗本は奥様で、御家人になると御新造さま。略して御新さんとなる。

町家ではふつうおかみさんであった。

167　町家での妻の呼び方いろいろ

これは古典落語などでおなじみだろう。

おかみさん、山の神、かかあ、というのは今でも通用する。

シタバは亭主が上歯で、女房が下歯ということらしい。

化ケベソとなると何がなんだかわからない。

168　お嬢さまは民間の最高生活者に限る

武家ではお嬢さまだが、町家では、よほどの大家でないとお嬢さまとは呼ばせない。一般に人の娘を何と呼ぶかといえば、どこどこのお娘御といった。

169　新造と御新造は違う

御家人の妻と上流の商家では御新造といい、その御新造様に対して、ただ新造といえば娘をさした。

御新造というのは、当時妻を迎えるには、必ず妻の住むところを新しく造作したことからきた名前である。

娘を新造といったのは、御新造候補という意味だろうか。

170　娘は十八、九まで、二十以上は年増

十二、三歳から十八、九までを娘といい、その年令のうちに結婚するのが普通だった。二十をすぎると売れ残った感じで年増《としま》といい、別のお色気を賞翫《しょうがん》された。

171　女の結婚は十三歳から

江戸の娘は十三歳になると結婚したが、それで花嫁がつとまったかどうか。上流の商家では、初夜の花嫁の代理をする介添女がいた、と鳶魚本『好色一代女輪講』にある。嫁に対しては、初夜の遊女のように、枕を並べぬこともある。遊女でも三度目の遊興でなければ同衾しなかったのである。

172　桃割れ、唐人髷、銀杏返し、島田

これが結婚までの娘の結髪。当時は自分の着物を縫うこと、自分の髪も自分でまとめられること、この二つが嫁入り資格だった。結婚して御新造ともなると、自分で丸髷《まげ》が結えなくてはならない。

人前へ出ても恥ずかしくない程度に結うまでには、涙ぐましい努力が必要であった。

173　かんざしが武器になる

女髷《まげ》の後ろには必ず銀の平打《ひらうち》をさしていた。平打は今でも日本髪にはさすが、さきに小さい耳かきがつき、次に銀貨のような平たい丸板、それに二本脚のついた銀のかんざしである。

これは単なる装飾でなく、不意に襲われた場合、とっさにそれを抜いて二本の脚で敵の両眼を突きさす。つまり護身用の武器を兼ねていたもので、実際にこれで身を護った例もある。

174　質屋の看板は将棋の駒

昔の質屋の看板は、将棋の駒の形をした板を紐でつり、その板の上に、質札の反古を紙の塵はたきのように束ねたもの。将棋の駒は、「金になる」という意味である。

175　座頭金とは何か

これは、官金とも盲金ともいわれる盲人の貸金である。

盲人には特別の保護があり、下から座当、勾当、別当、検校の四つの盲官が与えられた。が、後に堕落して、官位はいずれも金を納めることによって得られた。

その盲官を得るため、高利の金を貸して、きびしく取り立てる。ずうずうしく玄関にあがりこみ、外聞をかまわずがなり立てるので、借りた方は閉口することになる。武士など登城時に待ち伏せを喰い、どこまでも喰い下がられるので、一番苦手であった。

176 盲人を優遇した家康

盲人が金をためるのに、按摩や金貸しだけでなく、「銭貫い」というのがある。結婚や新築など祝事があると、その家へ行けば黙っていても祝儀がもらえた。

盲人保護は朝廷の御憐憫にはじまり、武家の世に引きついだものである。徳川家康など、実に二十七項目の保護策をこうじている。その度がすぎて、目明きが安楽に暮らすため、盲人の仲間入りをしたがったという例さえある。

177 カワラケ（無毛）と坊主のヘンな関係

江戸時代の寺はお布施のほか、寺領を持っていて経済的にも恵まれていた。

それで「瓦葺き」といえば寺をさし、おかわらさんといえば僧の代名詞だった。無毛をカワラケと呼ぶのは、坊主に毛がないところからきている。

「町人・火消等」テレビ考証の虚実

●江戸っ子必ずしもべらんめえ調ではない

テレビでも映画でも、今日「江戸っ子」といえば決まって、べらんめえ調の特殊な言葉が使われている。たとえば、かの有名な一心太助君なども、胸のすくようなべらんめえのタンカで見る者を大いに楽しませてくれる。ところがどっこい、残念なことに、この太助君が生きていた家光・彦左の時代には、まだあの江戸弁はできていなかった。江戸弁ができたのは、それから百年も後の宝暦年間（一七五一〜六三）である。

では、いったい太助はどんな言葉を使っていたのだろう。折角の興をそぐようではなはだ心苦しいのだが、将軍家光が死んだ慶安四年ごろ江戸を横行していたのは、諸国から集まってきた田舎っぺによる、バラエティーに富んだ田吾作弁であった。到底、巻き舌でまくしたてるあのカッコ良さからは、程遠いものだったのである。

このべらんめえと並んで「江戸の華」と呼ばれている火事にしてもご同様。町火消しができたのは将軍吉宗の享保年間であるから、イキな火消しのお兄《あに》イさんたちが威勢のいい巻き舌で活躍するのも、それ以後のことである。早口のべらんめえが江戸時代のムードを盛り上げるのは否めないが、実際にはあまりパッとしない言葉を話す江戸っ子が生きていた時代もあったのだ。

第五章

「町奉行・刑罪」

ものしり64の考証

178　町奉行はいまの警視総監兼東京都知事

大岡越前守や遠山の金さんで知られる町奉行とは、いまの警視総監にあたる要職である。だから、捕物帖の銭形平次や半七などの岡っ引とは、総監と走り使いほどの開きがあった。

町奉行は旗本中の俊英で、役人中の花形といえる。仕事は警視総監よりずっと幅広く、江戸の司法・警察・民政の全般にわたる。さらに江戸四宿も管理するので、交通行政も担当した。だから厳密には、今の東京都知事・兼地方裁判所長・兼警視総監・兼東京駅長といったところである。

町奉行はいまの警視総監兼東京都知事

179　やり直し裁判で売り出した大岡越前守

享保十六年（一七三一）、無宿の伝兵衛という者が、火付の罪で江戸引廻しのうえ、火焙りとの判決言渡しがあった。係りは憲兵に当る火付盗賊改である。

ところがこの伝兵衛に、どうもアリバイのあることが噂になった。それを手付同心が聞き出して、早速お頭の大岡越前守に上申した。

そこで吟味のやり直しをやり、無罪であることが立証された。

江戸の裁判は一審制で、やり直しの例は他にない。そのため大変な評判になり、名奉行として売り出すきっかけとなった。

180　中町奉行所のあった十七年間

普通、町奉行所というと南北二つだが、元禄十五年（一七〇二）に中町奉行所というのが、いまの東京駅八重洲口構内にあたる場所にできている。だからこの期間は南北中の三奉行所があった。

しかし十七年後の享保四年には、この中町奉行所は北町奉行所に合併、以後幕末まで南北の二奉行所になる。

181　江戸町奉行とは言わず

江戸の町奉行は、単に「町奉行」というのが正しい。いまの警視庁を普通、東京警視庁といわないのと同じである。ただし京都町奉行、大坂町奉行、そのほか諸藩の町奉行と並べるときは、「江戸町奉行」という分けたこともちろんである。

182 町奉行の管轄は町地に限る

町地とは町人の住むところ。江戸の町には武家地・寺社地・町地の別があった。武家地とは大名、旗本の屋敷地で、大名は上屋敷、下屋敷の他に大藩では中屋敷を持っていた。

この武家地には町奉行の力は及ばず、犯人が武家屋敷へ逃げこんでも捕吏は追うことができなかった。

寺社地も寺社奉行の管轄に属し、やはり手入れができなかった。武家地は目付、寺社は寺社奉行を通じて犯人を捕えてもらうのである。

183 町奉行の支配地は江戸の二割だけ

明治初めの調査で、江戸はその六割が武家地、二割が寺社領というから、町地はその残りの二割にすぎなかったのである。

184 町並地《まちなみ》のあつかい

江戸は凄い勢いで膨脹、代官の支配地にも家が建ち並んだ。また寺社地へ町方の捕吏が入れぬのは不便とあって、江戸中期からこれらを「町並地」と称し、捕吏の立ち入りが許されることになった。寺社奉行や代官には、配下に専門の警察官がいないのだから当然の処置であった。

185　寺社の門前には必ず私娼窟

参詣者の集まる寺社の門前には、必ず私娼が集まって風紀を乱した。ここは寺社地で町奉行の手が入らぬこともあって、半ば公然と春を売った。

しかし、その弊害が大きかったので、延享三年（一七四六）から江戸の寺社地も町奉行所で取り締まれるようになった。

186　南北二つの奉行所があった

町奉行所を普通、御番所と呼ぶが、これが南と北に二つあった。南は数寄屋橋内、北は呉服橋内にあった。この二つの奉行所は月番制で、一ヵ月交代に門を開いて訴えを受付けた。非番になると大門を閉じたが、休みではなく前月の事件の処理にあたった。

両奉行所は内寄会といって連絡や相談書を交わしていたが、細かいところまでは協定できなかったらしく、訴人は有利な扱いをする御番所へ、その月番を待って願い出ることもあった。

187　南町奉行所は大岡越前守の設計

火事で焼けて二、三度改築されたが、その設計はもとのものを変えなかったという。

敷地は六百五十坪、表門の左右に小門があった。左手の小門が囚人の出入り口である。

表門を入ると、つきあたりが玄関の敷台である。門から玄関まで十五間ほどの青板の敷石で、両側は一面に那智黒の砂利石が敷きつめてあったという。

188 町奉行の役高は三千石

武士は家禄によって生活し、平時は行政官として勤める。すでに報酬はもらっているのだから、それ以上は出ないのが建前である。

しかし、職務によって経費のかさむものがあるので、役高を定めて、それ以下の家禄の者がその役職につくと、不足分だけ足してくれることになった。

町奉行は三千石なので、五百石の者が就任すれば二千五百石の補助がもらえる。しかし三千石の旗本がなっても一石ももらえない。これを「足高《たしだか》」といった。

189 両奉行所にいた与力・同心

両奉行所に与力はおのおの二十五騎ずつ、同心は百二十人ずついた。

与力も同心も武士には違いないのだが、普通の旗本、御家人とはだいぶ違っていた。

まず知行だが、与力は二百石取といわれるが、この二百石は与力全体で一万石の土地をもらっていて、その中に持ち分として二百石があるのである。

収入としてこの他に諸大名の附届などがあった。これは賄賂と紙一重のものだが、中期以後は公然と奉行所で受け取った。大名の家来が江戸で問題を起こしたとき、よろしく頼むという意味である。

二百石といえば旗本で、馬上の侍だから与力何騎という。が、罪人を捕える役は卑められたので、「不浄役人」として登城もできなかった。

同心は三十俵二人扶持の御家人である。

190　独特のマゲですぐわかった八丁堀の旦那

町与力、町同心はいずれも京橋の八丁堀に屋敷を与えられていた。俗に横町、どぶ棚、代官屋敷といわれたところである。

彼らの頭つきは、八丁堀銀杏といって、三角に木葉の形をした独特のマゲで、どこから見ても、

「ああ、八丁堀の旦那だ」

とすぐわかったという。

191　八丁堀の七不思議

八丁堀には七不思議というのがあった。これは他に類のないものを数えていったのだが、その中に「奥様あって殿様なし」「女湯の刀掛」というのがある。

当時は旗本でないと殿様といわなかった。それ以下の武家は旦那様である。ところが与力は旗本でありながら不浄役人なので、殿様ではなく旦那様といった。ただ、その妻には関係がないので、これは旗本並みに「奥様」である。それが不思議というわけである。

また江戸の銭湯には、当然下級武士も来

目明かしは非公式の密偵

るので刀掛がおいてあった。だがそれは男湯だけで、女湯にあるわけはない。ところが八丁堀の銭湯には女湯に刀掛があるというのだから不思議。

これは、与力や同心が、朝のうち混み合う男湯をさけ、ガラあきの女湯へゆうゆうとつかるというわけ。御用繁多を理由の特権であった。

192　目明かしは非公式の密偵

この「目明かし」という名前は通称で、正式には「小者」である。江戸では享保以来「岡っ引」といった。

公的な地位はなく、プライベートに同心の下で聞きこみに従事した。岡っ引には二、三人子分のいることもある。

同心からの給金は月一分か二分、ひどく安いので、一杯飲み屋や寄席など、人の集まる商売を別にやって暮しを立て、かたがたそこを情報源ともした。

原則としてお互いに縄張りを守るが、場合によってはハミ出て働くこともあった。

子分は親分の家にごろごろしていて、町のいろいろな情報を集めてくる。よい情報を提供すれば小遣いがもらえるが、そうでなければピーピーしている。そのため御用風を吹かせ、事件の関係者をわざと伏せて恩に着せ、金をもらうという悪いことをした。これを「引合を抜く」という。

また情報の種切れをしないよう、各親分所属の子分どもで、情報交換所を作って融通し合った。

193　捕物帖は奉行所の記録のこと

捕物帖といえば、今日の警察手帖のように思われるが、奉行所から捕物のために出動したその記録である。奉行所に備えつけの帳面で、毎日、町奉行が眼を通したといわれる。テレビでは、がらっ八など腰にぶら下げているが、そんなお安いものでもなければ、下っ引に字の書けるわけがない。

194　奉行所附近の火事には髪結床がかけつける

妙なとりあわせのようだが、火事のとき

町奉行所の重要書類は、町の髪結床が担ぎ出すきまりになっていた。そのため烙印を押した手札が渡してあった。

奉行所があぶないとなると、髪結床の者は用意の火事装束に、梅床とか亀床とかいう印のある提灯をもち「駈付《かけっ》け、駈付《かけっ》け」と大声で叫びながら駈けつけた。この声が聞こえると、弥次馬はあわてて道を開いたという。書類はふだんから箱に詰め、麻縄が掛けてあったからどんどん運んだ。

195 与力は羽織袴、同心は着流し

これはふだんの服装である。この服装を見るだけでも両者の区別はつく。

同心も武士だから袴をはくべきだが、仕事が活動的なので着流しになった。将軍お成りのとき、警備役で出動しても着流しでよく、これを「御成先着流し御免」といった。

196 物々しい与力の捕物出役

出役ときまると、当番方与力は手早く服装を改める。

野羽織・野袴に陣笠をかぶり、騎馬で出動するのが普通である。槍は中間《ちゅうげん》に持たせ、若党二人、草履取一人を連れる。捕物も火事場も同じ服装であった。

197 与力は同心に協力せず

捕物のときに犯人をつかまえるのは同心

の仕事で、与力は原則として手を出さない。同心の手に余る時は、犯人を弱らせるため馬上から槍を使うことはあっても、自分の手で捕えることはない。

与力は捕物の指揮官であって、犯人を捕えるのは同心の仕事だからである。

198　岡っ引は犯人を捕えられない

目明かし、岡っ引は勝手に人を縛ることはできない。正規の警察官ではないからである。

同心が一緒で、その許可がある時だけ人が縛れた。封建の世といえども、人を捕縛するのは大変なことなのである。

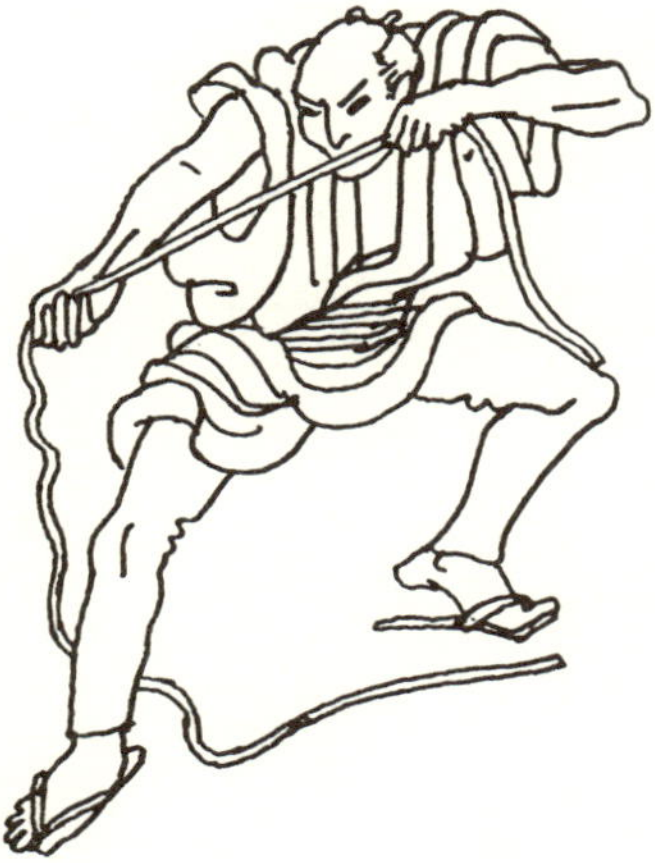

岡っ引は犯人を捕えられない

199　八州廻りの十手は紫の房

八州廻りは関八州の広域パトロール隊。この十手は鉄製で、銀メッキしたもの。大変立派なもので、紫か浅葱の房紐がついていた。

200　ベテラン同心の定廻り

同心の町廻りには、定廻り、臨時廻り、隠密廻りの三つの廻り方がある。このうち定廻りというのは、毎日きまったコースで江戸中を巡回する。

このときの姿は竜紋裏、三つ紋黒羽織の着流しで夏なら紗か絽。頭に菅の一文字笠をかぶっている。冬は頭巾を用いることもあるが、たいがい冠り物のないほうが多かった。朱房の十手を持ち、刃引の長脇差を一本差した。気取らないそのスタイルが特徴である。

201　与力・同心は朱房のついた十手を持っていた

与力はこの十手を大小の刀と並べて腰にさすが、同心は十手をうしろへさすか、袋に入れて懐に入れた。

また小者も十手を持つ。これは房無しだが、手貫《てぬき》の紐はついていた。

202　石出帯刀《たてわき》とは何者か

牢奉行は町奉行に属し、役高三百俵十人扶持。配下に牢屋同心、牢屋下男《しもおとこ》がいる。

刑の執行、宣告に立会うので、不浄役人とされて登城することもなかった。住宅は小伝馬町牢屋敷の構内にある。

石出氏は、はじめ大番組の侍。家康の関東入部に際し囚獄の任を受け、世襲したうえ代々帯刀を名乗った。

町奉行からきた入牢《じゅうろう》証文によって、大番屋（今の大型交番）や奉行所内の留置場から囚人を引き取り、伝馬町の牢屋敷に監禁する牢屋総監である。

203　火付盗賊改《あらため》は何者？

これは町奉行所とは別に、放火、盗賊、博突《ばくち》に関する警察裁判権を持つ役職で、加役といった。加役というのは本職を持ちながらさらに別の役につくという意。

火付盗賊改も本職は先手頭《さきてがしら》である。つまり、いざ戦となれば第一線の大隊長、三千石クラスの旗本である。

町奉行も同じ役目だが、火付盗賊改は強《ごう》力《りき》犯専門の役人だから、別に権限争いも起こらなかった。

ただ、現役の軍人なので荒っぽく、加役に捕まれば助からないと恐れられた。

城攻めには、強風の日、風上へ放火するのが定石である。ふだんでもそれを予防するため、この憲兵みたいな加役をおいたのだが、平和が続くうちだんだん腰抜けになってしまった。

204　八州廻りのできたわけ

やくざ映画などでおなじみの役人。正式には関東取締出役といって、一年中、関八州の村々を見廻るのが仕事である。

役人の数は八人、後に十二人になった。無宿人、博徒などの監視、特に物騒な鉄砲の取締りに重点をおいた。「八州様のお通り」となると、村々から案内人が出るので、どうしても事前に知れる。すると悪党は良民をよそおったり、罪のある奴は、いち早く逃げたりした。

205　三奉行とは?

町奉行、勘定奉行、寺社奉行を三奉行というが、なかでも寺社奉行は奏番者の大名から任じられるので一番格式が高い。

奏番者とは将軍に拝謁の者があるとき、これを披露する役目で、きわめて重要なもの。

寺社奉行の仕事は、諸国の寺社領に関するいっさいである。なんと、場違いな囲碁・将棋所の監督も所管事項である。

勘定奉行は、幕府の財政政策および幕府直轄領の司法・民政を掌る。勘定所は大手門の中にあり、ここで幕府の出納を扱った。

206　裁判はどのようにおこなわれたか

簡単にいえば、まず出入筋と吟味筋がある。出入筋とは原告と被告がある場合の裁判で、両者を対決させて判決する。

吟味筋は、今の刑事訴訟にあたるものである。

吟味筋では、事件の関係者、被疑者を訊問して調書をつくる。この調書にもとづいて奉行の裁判がおこなわれた。

場所は奉行所で、被疑者はお白洲にひきすえられ、一通りの取り調べがある。あとは吟味与力が吟味部屋で、どなりつけるようにして厳しく調べる。その結果、死罪以上は伝馬町の牢屋敷で与力が判決を言渡し、それ以下の軽罪は奉行所で町奉行が言渡す。判決言渡しの直後、刑が執行された。

207　拷問とは釣責のこと

普通、拷問とは痛めつけて白状させるのをいうが、当時それを責問《せきもん》といった。

責問には、笞打《むちうち》、石抱《いしだき》、海老責《えびぜめ》があった。この責問でも白状しない者だけが拷問にかけられたのである。拷問というのは釣責《つりぜめ》の一種だけである。

釣責は両手を後手に縛り、その縛った縄で身体を宙につるすのである。これは耐えられない苦しみで、拷問で死ぬことが往々ある。だから老中の許可がなければおこなえない。また拷問しなければ白状へ追いこめなかったのは奉行として黒星とされた。

208　死罪以上は将軍の印が必要

死罪以上と定まったものは、すべて調書をそろえて老中に差し出す。老中はこれを見て、その罪が当を得ていると認めれば、さらに将軍に差し出して印をもらう。これではじめて罪が確定する。が、将軍は「そのうち見ておく」といって、なかなか判を押さなかったという。

老中がその刑を不適当と思ったら、「再吟味」という札をつけてすぐ奉行所へ差しもどした。

209 むずかしい女の取調べ

女に対しては、原則として責問や拷問はしないことになっていた。それを知っているので女はいい気になって自白しない。

女を裁くとき、女が膝小僧から上を出すと調べはすぐ中止になってしまう。だから

女が膝小僧から上を出すと調べは中止

少しうるさい女と見れば、膝を縛って前をはだけないようにする。

しかし、縛られてもなお、うしろへ倒れるのがいたりして、めんどうこの上ないのが女の取調べであった。

210 死刑は六種類

下手人《げしゅにん》＝首をはねる
死罪＝首をはねる
火罪＝火あぶりの刑
獄門＝はねた首をさらす
はりつけ＝はりつけにして槍でさし殺す
鋸びき＝竹鋸でひき、のちはりつけ

211 下手人と死罪の違いは死体の処理法による

同じく首をはねるのだが、下手人は盗みの目的でない殺人犯が科せられ、死罪は強盗傷害や十両以上の窃盗犯が科せられる。死ぬことは同じだが、死体の処理法が違うのである。

死罪の場合は首のない死体をためし斬りに使うが、下手人はそれに使わないで埋葬した。

212 鋸びきとは何か

これは極刑・逆罪といって、封建時代最高の犯罪、主人殺しのみに科した。

日本橋の晒し場に穴を掘り、体は埋めて

首だけを出させる。傍に竹鋸をおいてあるのは、誰でも勝手に首をひいてよいという意味。そんな度胸のある者はいないから、形式だけになっていたところ、ある時本当に首をひいて殺してしまったことがあった。そこで以後は許されなくなった。

罪人はこの後、はりつけになるのである。

213 遠島とは死刑の次に重い刑

これは死刑の次に重い刑、すなわち終身刑である。

江戸なら伊豆七島へ、関西なら隠岐、壱岐、天草五島へ送られ財産は没収される。

死刑でないだけのことで、島では食ってゆけず、飢え死する者が多かった。

214 親殺しははりつけ

これも逆罪のひとつ。ひき廻しの後、はりつけになる。

この親というのは、実父母はもちろん養父母もふくまれる。

しゅうと・伯父伯母・兄姉殺しは死罪や、獄門にかけられる。

215 火付けは火あぶりの刑

江戸初期には火付けと切支丹が火あぶりになったが、後には火付けのみ。

これは柱に縛りつけた囚人のまわりを茅や薪で包んで火をかける。完全に焼け死んだかどうか、念のため男は陰のう、女は乳房をさらに焼くのがしきたりであった。

焼死体は三日二夜さらしておく。

216　十両以上盗んだら死刑

この法律は有名だが、十両とはお金でも物でも同じであった。また一度に十両でも、たびたび重なって十両になっても死罪だったのである。

また盗みの場合は自首しても、刑を軽くしなかったという。

盗賊を捕えた者にはほうびを出し、盗難にあって届けなかった者も処罰した。この辺はやや現状と違う。

217　追剥と追落《おいおとし》の区別

これは現代の強盗にあたるもの。ただし戸外に限る。

追剥も追落も路上で人を襲い、持ち物を奪うことは同じだが、身につけているものを直接取ると追剥、いったん落としたものを取ると追落ということになる。

現代からみると、どちらでも同じようなものだが、追剥は獄門、追落は死罪だから、追剥の方が重罪だったわけ。

218　家蔵へ忍び込んで盗んだら死罪

これは物品の多少にかかわらず死刑である。

しかし錠をこじあけて入った場合、閉め忘れた所から忍びこんだ場合、押込強盗のようにあけさせて入った場合など、それぞれ刑罰が違う。江戸の基礎法典たる「御定書百箇条」は、ごく簡単な条文だから、町奉行の裁量に任されるところが多かった。名奉行かどうかは、幅広いその裁量によって決まる。

219　盗人は殺しても無罪

これはたくさん例があったが、「盗人」であることがはっきりしていなくてはいけない。したがって「盗人」「どろぼう」と声をかける必要があったし、死人に口なしだから、この声を聞いたと証明する人も必要。これがあれば無罪になった。

220　人相書の出される犯罪は四種

まず、公儀に対する重き謀計（幕府に対する反逆行為）、つぎに主殺し、親殺し、さらに関所破りの四種。

この人相書は特定の重罪に対してのみ出されるので、人相書の御尋ね者を知りながら隠したり逃したり、また訴え出なくても悪くすると死罪である。

221　女を連れて関所は越せないというのはウソ

もちろん、越せないことはない。江戸の町女なら町奉行所で、関所手形を出してもらえばいい。

ただ、男なら江戸中期以後、身分を明ら

男は身分を明らかにすれば手形なしで通行できた

かにすれば手形なしでも通行できた。しかし女は「入鉄砲に出女」といって、江戸から出る時は特に厳しく調べられた。いうまでもなく人質になっている大名の妻子が、本国へ脱出するのを防ぐためである。

222　関所手形のいらない者

直参の武士。町人もごく簡単な身分証明で充分。

芸人などは何か芸をやって芸人たることを証明すれば、それで通してもらえた。

必要なのは、武家の女性と諸藩の武士である。

223　手形は一関所一枚

つまり、一枚の手形で二つの関所を越すことはできない。したがって、あらかじめ通過予定の関所分だけ手形を発行してもらう。途中で行先を変更したり、延長したりはできなかった。

224　往来切手は諸国遍歴用

これには「此度日本廻国罷出申候」と書き、今日の周遊券のようなものであった。巡礼など皆これを持ち、一枚の往来切手で諸国の札所をまわった。

225　関所にいた「改め婆」とは

女の旅行者を改めるには、男の役人では道義上まずい。それで番士の女房や、附近の女が雇われて女検問役を勤めた。「女《おんな》改《あらため》者」「番女」「改め婆」などといい、髪を解かせたり、乳房に触れたりした。少女がお小姓姿で通ったり、比丘尼に化けて通るからである。

226　関所破りはその場所ではりつけ

これは男女とも同じ。関所を通らないで間道《かんどう》を通った者、および案内した者も同罪という。

しかし男女で関所破りをしたとき、女は男についていったといえば犯意は薄いと見て、奴刑に処せられただけである。奴刑とは、獄にとどめ、求める者に下碑として下げ渡すことをいう。

227　「下手人」の二つの意味

下手人というのは、手をくだして人を殺した者、つまり人殺しという意味である。「下手人さがし」という捕物帖に出てくる言葉はこちらの意味。

さらに、人を殺したら死刑になるという意味から、このことばだけで死刑という意味が生まれた。「下手人」の場合は死罪と違い、死骸は様切《ためしぎり》にされず、また財産も没収されない。

228　十五歳以下の者の刑罰

人殺し、火附けともに遠島だが、十五歳になるまで親類へ預けておく。

これは流人島の生活の困難からきている。つまり子供では島で生きていけないほど、遠島の生活は悲惨だったのである。

229　密通の男女はともに死罪

夫のある女が夫以外の男と、あるいは男が他人の妻と姦通した場合である。

密通は「不義」も含んでいる。不義とは、縁談のきまった娘との和姦である。

ほかに「妾」の場合も、内縁の妻という意味で妻と同じに扱った。

これらの姦通は現場を見つけた夫、あるいは親が姦夫姦婦を殺害しても罪にならない。いわゆる「重ねておいて四つにする」

密通の男女はともに死罪

ことが許されていた。

訴え出ればむろん死罪になった。

230　強姦は死罪、輪姦は獄門

相手がいずれも人妻の場合で、強姦のことを当時は「押しての不義」といった。輪姦の場合、中心になった者は獄門、残りは重追放になった。

女が人妻でない場合の強姦は重追放である。

231　余儀ない不義は無罪

相手の男からおどされたり、しかけられた時に、まわりに人がいなかったりで、やむなく観念して和姦した場合のこと。無理もない情況が証明されれば、人妻も当然、無罪になった。

232　七両二分で事を納める

密通は、夫が訴えても、奉行所では多く内済させる方針をとった。

それは密通というような事実は、なかなか真相がつかみにくいこと、また夫が内済するというのに、しいて処罰する必要もないからであろう。

密通を内済にするには、七両二分が相場であった。「間男七両二分」といい、大判一枚の価である。上方ではもっと安く「さわり三百」というから銀三百匁のこと、金貨になおすと五両である。川柳に、

「据えられて七両二分の膳を喰ひ」
「音高しおさわぎあるな　はい五両」

とあるのがこれ。はじめから五両を出して姦通する奴がいた。

233　主人の妻との密通は獄門

これはいけない。主従の理念が封建性の柱だから、男女とも厳罰に処せられた。

有名な白木屋お駒事件では、お駒は町中引廻しの上死罪。手代の忠八は町中引廻しの上、浅草において獄門になった。

234　追放の刑とは

追放には三種あり、重追放、中追放、軽追放である。

重追放は、お構場所《かまえばしょ》（禁止場所）十五ケ国と、東海道筋、木曾路筋の出入を禁止される。

中追放は、八ケ国と東海道、木曾路。

軽追放は、江戸十里四方、京、大阪、東海道筋、日光道中がお構場所である。

235　江戸払いの範囲はどこまでか

江戸の御府内払いの略で、江戸城を中心に、四里四方の居住禁止である。これは町奉行の支配地全体にも相当する。

236　追放は厳密に励行されたか

追放はどのように執行されたかといえば、判決後、お構場所を読み聞かせて、その紙を懐中へ入れてやる。そしてうしろ手に縛ったまま、品川、板橋、千住、本所、深川、四谷、大木戸のいずれかの宿場はずれからつき放す。が、別に垣があるわけではないから、人に見つかりさえしなければいくらでも入れる。役人が引きとったあと、平然と江戸市中へ逆もどりした。

もし見つかっても、旅装束、特に草鞋《わらじ》ばきでいれば、通りがかりだといえばとがめられない。お構場所といえども、通り抜けはさしつかえないからである。

のちには引続き江戸に住んで、外出の時だけ草履ばきでいたという。

237　判決文にある「不埒」は軽罪、「不届至極」は重罪

刑が確定すると、罪人を白洲にひき出して、奉行が形式的に判決文を読む。「其方儀……」というやつ。この判決文は二つ折りの奉書で、奉行はこれを眼の高さに開き、芝居がかりで読みあげた。

この文のなかに「不埒につき」と「不届き至極につき」という言葉が出てくる。前者ならいいが、後者は、特に獄門、火焙りの極刑にのみ使われたから、注意を要する。軽々しく使えない言葉なのである。

238　訴状と密告で事件をキャッチ

夜明けと共に開かれる奉行所へ、訴人が恐れながらと訴え出る。これがオーソドックスな事件のキャッチになる。訴人は大門を入り、与力番所の縁下に膝をついて訴状を出す。

刑事関係は、帳附願、検使願。一日の諸事件を記載して、奉行に見せる帳面を「言《ごん》上《じょう》帳」というが、盗難その他のことを後日の証拠のため、この言上帳につけてもらう。これが帳附願。

検使願は、変死その他の事件で、与力の検使を請うもの。この二種の訴えが捜査の発端になるものが多い。

密告の方は、目明しやその手先の下っ引が、パトロールの定廻りや臨時廻りに告げるもの。廻り方は自身番で事情を聞き、捕える必要があれば、供の小者をやって縛らせる。その時は、家主、町代《ちょうだい》、書役《しょやく》など町《ちょう》役人が案内に立った。

239 自白まで持っていく吟味与力の腕

吟味場は白洲を縮小した構造で、畳敷の上段と板縁があって下は土間である。

上段の与力が、土間の被告を怒鳴りつけるようにして取調べる。が、相手も必死、何とか言いのがれようとする。前科者で場数をふんだ奴は、隙を見て、「恐れながら……恐れながら……」と打ち返してくる。その奴をおっかぶせ、おっかぶせて追討ち、気魄で韜晦《とうかい》の余裕を与えなかった。与力はその辺の呼吸を父親から教えられ、十二、三歳で見習に出て、習練を積んでいるから、鋭く問いつめて息もつかせなかったという。

240 処刑は小塚原か、鈴ケ森か?

囚人の刑場は江戸に二つある。小塚原と鈴ケ森だが、この二つをどう使い分けたのか。それは罪人がより多くの罪を犯した方面、例えば浅草中心の泥棒なら、その方角に当る小塚原で、麻布・赤坂なら鈴ケ森になった。また罪人が江戸生れなら、生れた土地に近い方の刑場を選んだ。これは江戸の刑罰が見懲《みこらし》主義なので、罪人を知る者の多い方を選んだのである。

241　白洲での裁判、その言葉づかいは

奉行や吟味与力は、御家人、陪臣に対しては、「黙らっしゃい」「進まっしゃい」「退《さが》らっしゃい」とやや丁寧だが、庶民に対しては、「黙れ」「進め」「退れ」と叱りつけるようにいった。

民事訴訟は罪人でもなんでもないのだから、原告、被告とも叱られることはないのだが、多くはちぢみ上ってろくに口も利けなかったという。

●銭形親分は幕府の正式メンバーではない

数あるテレビドラマのうちで、一番人気は何といっても捕物であろう。めっぽう強い好男子がそれこそ胸のすくような名探偵ぶりを発揮して、次々と難事件を解決していくのだから、見ている方も実に気分がいい。ところが考証的に見ると、この『なんとか捕物帖』ほど問題の多いものもないのである。

まずは南の大岡越前守、北の遠山金四郎に代表される捕物総元締の町奉行、これは今日の警視総監であり、その下の与力・同心がちょうど警部と巡査に当たる。正式の警察官はここまでで、その下はない。とすると、大活躍の伝七親分や銭形平次親分はいったいどうなっているのだろうか。実は、彼ら岡っ引は奉行所の正式メンバーではなく、同心にプライベートに使われている諜者にすぎない。いわば、市中のさまざまな情報を密告する悪人仲間の顔ききであった。

だいたい岡っ引の「岡」というのは、「岡目八目」「岡場所」「岡惚れ」などのそれで傍《わき》すじとか正当でないとかの意味である。つまり正規の人々が引っぱるなら本引だが横から引っぱるから岡っ引なのであった。

テレビの捕物帖では、これらの岡っ引やその手先の下っ引までがやたらに朱房の十手をふりまわし、簡単に人を縛っているが警察官でもない彼らにそんな権限のあろう筈がない。だいいち、朱房の十手を持てるのは与力・同心にかぎられており、岡っ引の十手にはぜんぜん房がないのである。確かに彼らも十手や捕縄術のケイコをしたが、それは同心の供をしている場合にかぎってだけ使用を許されたにすぎなかった。

捕物はあくまでも与力・同心の役目であり、しかも実際に犯人を捕えるのは同心の指揮下にある小者たちである。与力は単に検使として行くだけであった。

ましてテレビで「一件落着」が看板の町奉行が、自ら現場に出動したり、変装して犯人の隠れ家を見張ったりするようなことはあり得ない。現代の警視総監が、巡査といっしょに街のチンピラを追いかけまわすだろうか。

それに、町奉行の役目は単に警察官だけではない。大岡越前守を「名判官」、遠山金四郎を「入墨判官」というように裁判官でもある。

さらに「町奉行」の文字どおり江戸町方の民政長官でもあった。町奉行は就任直後、馬で江戸の街々を巡視するが、市民に顔を見せるのはその時と、江戸の半分焼くほどの大火に、町火消指揮のため出動するくらいのものである。

また、寺社奉行・町奉行・勘定奉行は三奉行といって、幕政の中心となる要職なのである。街のやくざや岡っ引と同じに扱われてはかなわない。

第六章

「遊女・男色」

ものしり42の考証

242 江戸に売春禁止はおこなわれていた

江戸時代、売春にはたびたび禁令が出ている。町方役人が出動して、売春婦を一網打尽にしたことも珍らしくなかった。

しかし、特定の区域で一定の条件下でなら公認または半公認で売春がなされていた。それが吉原と、街道の宿場に許された飯盛《めしもり》女《おんな》である。

しかし、この道ばかりは人間の本能に発し、どんなに刈り取っても売春婦は雑草のようにはびこる。たびたびの取り締まりにもかかわらず、闇の女はふえる一方だった。

243 吉原はどうしてできたか

家康が関ケ原の合戦に出陣したとき、東海道鈴ケ森八幡の前に茶店をつくり、揃いの赤ダスキに赤手ぬぐいをかぶった遊女八人に茶を出させた者がいた。

これが家康の気にいって、関ケ原の戦後、その男に江戸の遊女屋の営業を許したのである。男は当時、柳町に遊女屋を営んでいた庄司甚右衛門という者だった。許可がおりたのは元和三年（一六一七）のこと、日本橋葺屋町に公認の場所を与えられた。そのあたり、まだ一面の葦原だったので、それをめでたくもじって、吉原としたのである。これが公娼制度の始まりである。

264 「茶をひく」という言葉の由来

吉原と幕府の関係は密接で、最高裁にあ

たる評定所へ、会議があるとき遊女が三名ずつ給仕に出た。満艦飾の色っぽい遊女が、最高にお堅い役所へあらわれるのはワンダフルである。

選ばれた遊女はその前日、客を取るのをやめて抹茶をひいた。茶は翌日のサービス用で、茶臼でごりごりひいたという。

これがやがて慣例になり、客にあぶれることを「お茶をひく」というようになった。

245　茶柱が立つとなぜ縁起がいいか

これも遊女ことばで「茶を立てる」というのが、客に接するのを意味したことによる。それから「茶が立つ」「茶柱が立つ」と変わり、やがて縁起がいいという意味に用いるようになった。

246　なぜ公娼制度を認めたか

遊女は庄司甚右衛門の出願を許して生まれたが、その時の五ケ条の取締規制を申し渡した。

それによれば、郭内だけの営業を認めること。客を長逗留させないこと。遊女の衣裳、遊女屋の建物を華美にしないこと。怪しい者がきたら届け出ることなどである。

すなわち集娼政策と、江戸の防犯が狙いで遊郭を認めている。

247　仮宅とは何のことか

これは火事で吉原が焼けた時、その普請

のため期限つきで、吉原の郭外での仮営業を認めた。それをさす。

ところが物珍らしさもあって、かえってこの方に人気が集まった。また日頃は郭外へ一歩も出られぬ遊女たちも、なじみ客と散歩ができたりして仮宅気分を喜んだ。それに、ここでは吉原のうるさいしきたりも万事略されるので、のびのびと自由であった。

さらに幕末にはルーズになり、仮宅のあとをそのまま遊女屋にする所もでき、深川の岡場所は私娼とも公娼ともつかぬものになった。

248　元吉原から新吉原へ移転

明暦三年（一六五七）の大火をきっかけに、吉原は葺屋町から浅草日本堤へ移転した。人口の急増で江戸前が狭くなったこと、それに浅草裏の開発をめざした都合から、幕府がかねて計画したものである。移転は八月に実現した。

これ以来、葺屋町時代を「元吉原」、浅草のそれを「新吉原」といい分けた。

249　遊女と売女の違いは？

江戸時代は公娼を遊女、私娼を売女《ばいた》といい分けた。したがって遊女、売女の別ができたのは、元和三年に元吉原ができてからということになる。

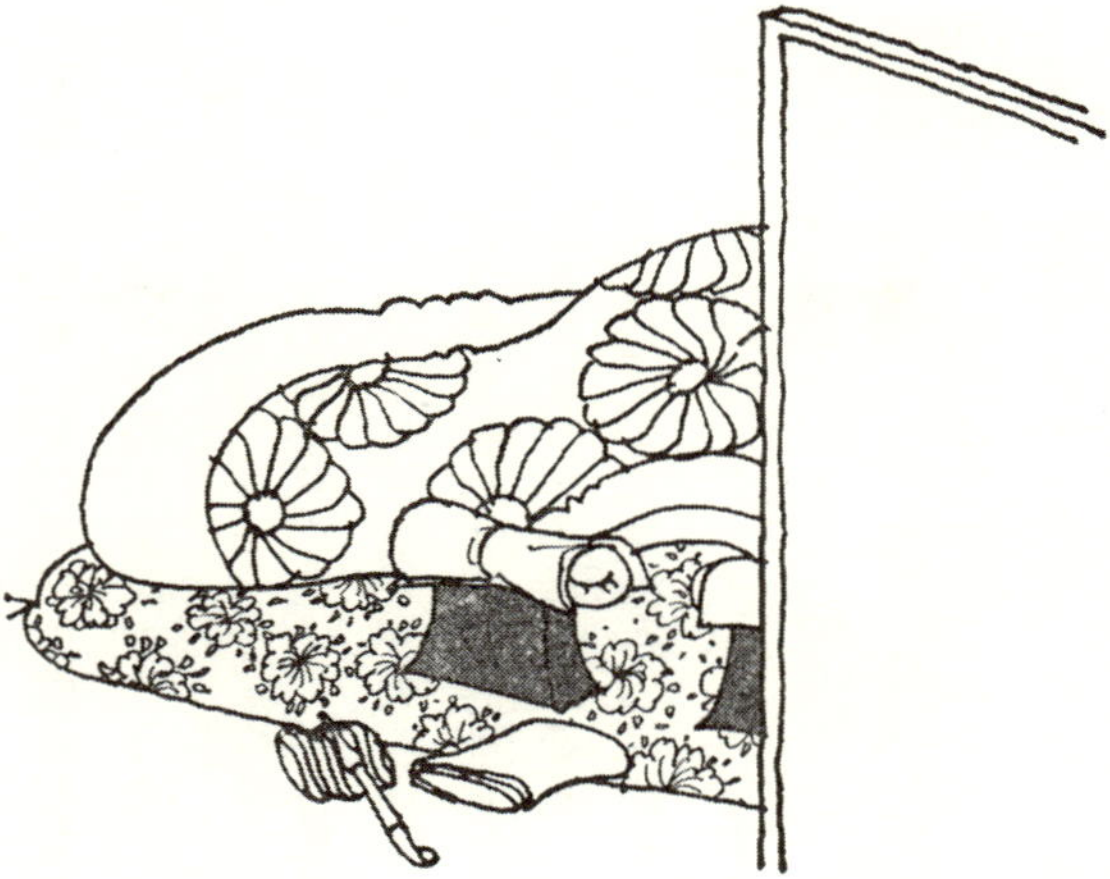

江戸時代は公娼を遊女、私娼を売女といった

それまでは、みな、いわゆる私娼であった。

250　傾城《けいせい》は最高級の遊女のこと

浄瑠璃にある「君傾城」、芝居でいう「傾城買い」。この傾城というのは最高級の遊女に限ったこと、一般の遊女を傾城とはいわなかった。

251　遊女の最高位は太夫である

江戸時代最高の遊女は太夫である。だから浄瑠璃や歌舞伎の傾城とはこの太夫をさしていったのである。

252　おいらんができたのは宝暦以後

宝暦（一七五一〜六三）以後は太夫が消滅、かわって、花魁《おいらん》が最高ということになった。

太夫というのは格式が高く、品性識見とも良家の婦女を確実にしのいだ。よってセックス目当ての客には上品すぎ、高すぎて不向きである。よって消滅して花魁になったが、こっちはやや大衆向きの高級遊女。「おいらの姉女郎」が「おいらん」になったといわれる。

253　遊女は八階級にわかれていた

まず、太夫それから格子《こうし》、散茶《さんちゃ》、むめ茶、局《つぼね》（五寸局、三寸局、なみ局）、次《つぎ》。

この最高の遊女である太夫は、一番多いときで七十余人、それがだんだん減って寛保以後は二、三人に固定してしまい、宝暦でついに消滅した。

254　なぜ太夫はなくなったか

太夫は大名道具といわれ、町人が買うのは借上の沙汰とされた。

太夫は容色だけがその資格ではない。声曲のみならず、お茶、お花、香合その他の芸事、和歌や文章また字も上手でなければならなかった。

『八代集』や『源氏』『竹取』を手放さないのや、無点の漢文を読めるのもいたという。当時最高のインテリ女性である。

だから客の方でも殿様や大尽らしくふるまわねばならず、遊びにきながら窮屈で仕方がない。寝るためだけに買おうとすると、とたんに大恥をかかされた。

大名気分にはなれたものの、こんな矛盾と不合理が重なっては消滅しかなかった。

255　遊女の第三級を散茶という理由

遊女の第三級を散茶というが、これは常用の茶の名称からきている。煎茶には、ふって出すのと、ふらないのと二種類あり、ふらない方を散茶といった。

それでどんな客でもふらない、お安い遊女を散茶と洒落たのである。もっとも、ふらないのも道理、散茶は階級が低いから、ずらりと並んで店を張る。そしてのぞきの客を甘い言葉で誘って、しゃにむに二階へあげるのである。

256　郭名物、花魁道中とは？

太夫や格子に客があると、彼女らは客のいる茶屋まで着飾って高い塗下駄をはき、独特の八文字という歩き方で、時間をかけて出向いていった。

これが花魁《おいらん》道中である。

茶屋で客と出会った後、気にいれば遊女屋へ伴ってくる。そして遊興という順序になるが、散茶のように見世で客を呼びこむような端《はし》たないまねはしない。

257　元吉原は昼の営業が中心だった

元吉原は葦原の中に建ち、まだ開けない土地だったので、昼の営業だけに限った。幕府は治安上、夜の営業を許さなかったのである。

それが、明暦の大火で浅草裏へ移り、新吉原になるとともに夜もOKにした。なにしろ、まだ淋しいところで、昼だけでは娼家が成り立たなかったからである。

258　吉原の遊び方、その順序と作法

吉原へいくと、仲ノ町の両側に引手茶屋というものがあった。おなじみはもちろん、はじめての客でも娼家へいく場合はみな茶屋から案内されていく。

客はまず茶屋で一杯飲み、芸者の一組も景気よくあげる。一組は二人だから、三味線、笛太鼓でにぎやかに酒宴を開いている。その間に茶屋から客の名指した遊女に口をかける。すなわち娼家へ使いをやり、その遊女の都合を聞きあわせる。よしとなれば呼ぶわけで、これを「呼出し」というのである。

呼ばれた遊女は茶屋へくるが、そのとき供まわりの男女十人ほどもひきしたがえている。

全員で茶屋の二階へあがり、しばし酒盛りをしてから、今度は遊女が先に立って娼家へ案内する。この時がまた大げさで、茶屋の亭主をはじめ女房から娘まで加わり、

にぎやかに娼家へ送られていく。このにぎやかなところが全盛遊《ぜんせいあそ》びのひき立って見えるところ。

客はこの段階で二両や三両のチップをはずみ、娼家へ着いてからも、また祝儀ずくめである。かんじんの遊女揚代が一両ないし一両三分なのに、こういう雑費が十両も二十両もかかった。茶屋から送ってきた幇間に、祝儀として下級女郎を抱かせるようなばかげたこともした。

が、低級な娼家で遊ぶときは、茶屋など通さず直接行くことは勿論である。これが「ふり」の客。「ふり」とはふり込みのことで、奴さんぶり、大名行列の槍持奴のように、手をふって大股に威勢よくやってくることからきた。高級な遊女に「ふり」できても、てんで見世で相手にしない。充分お金があってもだめだったのである。

259　第一級娼家の格式をあらわす惣籬《そうまがき》

籬とは見世の正面と、脇土間の横手にある格子のこと。惣籬だからぐるりと全部が格子造り。これは第一級娼家の格式をあらわしていた。

つぎが半籬で、籬の四分の一位があけてあって、そこから出入りする。これが中級娼家の格式をあらわし、別名を「交《ま》り見世」ともいった。

三番目は惣半籬で小見世。格子は下半分だけである。

第一級娼家の格式をあらわす惣籬

260 初会はどんなふうにするのか?

茶屋から送られてきた客も、または見世で呼びこまれた客も、座敷へは娼家の若い者がついてくる。

その座敷を「引付《ひきつけ》の座敷」といい、客はなじみがなければどの女が気に入ったという。すると若い者が「へい、承知しました」と下へおりる。高級遊女だと、すれちがいに禿《かむろ》がお茶と煙草盆を持ってくる。

また下へおりた若い者が、盆と硯《すずり》ぶたを持ってあがってくる。これを客の前へ据えると同時に女がきて、客と対座するのだが、この時は決して正面に坐らず、少しはすっかけに坐るという。客は女が坐ると、盃を若い者に渡す。これを「引付の盃」というが、この酒は客も遊女もまねをするだけで飲まない。これがおわると「お召かえ」と声をかける。遊女が下へ立っていくのを見て、豪華なオードブルの台の物がくる。それを肴に客は酒を飲み、芸者もきて飲む。

芸者が三味線をちょっとならすと、それをきっかけに部屋着に着がえた遊女が出てくる。が、遊女はまだ側へも寄らず、客と話もしない。酒も飲まず、いくら客が盃をさしても前に並べるだけである。客は飲んだり食ったりするので、座敷はだんだんにぎやかになってくる。

やがて若い者が、「あちらへ」といって案内する。これをきっかけに、ついてきた茶屋の者も芸者も、「ごきげんよろしう」といってひきあげる。

これを「床《とこ》が納る」といった。このときに揚代その他の費用を若い者に渡すのである。

茶屋からきた場合、娼家は翌日になって茶屋へ茶屋の分を渡すことになる。

261　おなじみは三度目から

二度目に行くと裏祝儀《うらしゆうぎ》ということをする。これは若い者に祝儀を出すのだ。

この二度目には、女もすぐ部屋着に着がえてくるし、そばへ坐って話もする。

二、三杯飲んでから若い者を呼び盃をさして、裏祝儀の金を渡すのである。これは二朱の女なら二朱、一分の女なら一分ときまっていた。

若い者はそれをもらうと、お客に礼をいい、女にも礼をいい、盃を返しておりていくが、間もなく、お返しといって菓子か、そばか、鮓《すし》を持ってくる。やたらに面倒だけで、同衾はまだお預けである。

三度目からが「おなじみ」で、客ははじめて遊女と寝る。川柳に、

「三会目心の知れた帯を解き」

とあるのがそれ。

このときは遣手婆にも祝儀を出す。床花を出すのもこの三度目である。

お返しに、女から紙入れか煙草入をくれる。これでおなじみということになる。

262　おなじみになると名前を呼ぶ

まず、それまで主さんとか何とかいっていたのが、初めて客の名前を呼ぶ。お箸がきまって、箸箱に誰さまと名前を書いてくれる。

むろん女もすっかり打ちとけるというわけである。朝帰りのときは大門まで送ってきた。

263　羽織を着て通った坊主

坊主の堕落ははなはだしく、盛んに郭通いをやった。かならず羽織を着ていったが、これは医者に化けるためである。

264　役者はおいらんを買えない

役者は客のお供で吉原へはいく。しかし、安い遊女ならともかく、太夫や花魁は買えなかった。また中以上の娼家では役者をお客にしないというしきたりがあった。

265　吉原の大門は昼夜ともあけっぱなし

吉原の大門は昼夜ともあけっぱなしである。千客万来の意味からで、紀文大尽が遊女を総揚げし、大門をしめさせたというのも形容言葉である。実際は客をことわっただけで、大門はあけたままであった。

226　遊女の年季あけは二十八歳

吉原の遊女は普通二十七歳までで、二十八歳にはたいてい借金が返せた。だから二十七歳になると、客のなかから将来、身を任せられるような者を選んだ。

「傾城が客を見立てる二十七」

自由の身になると、たいてい親もとへ帰るが、都合で郭に残り、雑用をする者もいた。

老いて遣手《やりて》婆になる者もあった。

267　オケラは桶に入れて監禁する

遊興のあと客がオケラだとわかると、娼家ではこれを桶伏せにする。これは大きな桶を伏せて、そのなかへ入れ、小さな窓をあけて、晒し者にしたのである。監禁とリンチを兼ねたもので、その間に娼家では手をまわして、客の関係者から遊興費を集めた。もちろん回収がつけば解放する。

268 なぜ岡場所が門前町に多いのか

遊女の起源は巫女であり、寺社と遊女の縁は深い。それに寺社はみな遊覧地で人が多く集まるから商売がしやすい。

今ひとつ、寺社の門前地は寺社奉行の支配で、町方役人の手が届かなかった。そのため安全地帯として、私娼が門前町に集まり岡場所を成したのである。

269 比丘尼《びくに》にこがれる変態男

比丘尼は諸国勧進の尼が、いつか堕落して娼婦に落ちたもの。尼僧《にそう》姿の娼婦とは変なものだが、坊主頭にお色気を感じる変態男もいて、江戸ではなかなか人気があった。「比丘好き」ということばさえある。川柳の、

「三ケ日待たず比丘尼は見世を張り」

は、正月三ケ日も休めないほど繁昌したの意。

当時、江戸には比丘尼で名高い場所が七、八ケ所あったが、なかでも赤坂がいちばん盛んだったという。

「坊さまの買っているのは比丘尼なり」

「いやなことするから好きと尼いい」

270 芸者三派で派閥争いをくりひろげた

芸者ははじめ「踊り子」といった。器量

のいい娘が三味線を持って、お座敷で踊ったり歌ったりして酒興を助けた。これが芸者の原形で、元禄の末には「芸者」なる名称もあらわれた。のちにこの芸者には、町芸者、郭《なか》の芸者、深川芸者の派閥ができ、政治家もどきの派閥争いさえあった。

「踊り子はくわえて引くがかくし芸」

271　連れ込み宿のはしり出合茶屋

この出合茶屋は不忍池畔にあった。枝垂れ柳のもと、なかば蓮池へ乗り出した瀟《しょう》洒《しゃ》な家だ。今のさかさくらげだが、こっそり男女が出入りして川柳の好い題材となった。

「ひそひそと繁昌をする出合茶屋」

「出合茶屋あぶない首が二つ来る」

「蓮堀が見やすと障子引ったてる」

「一組は隣へおくる出合茶屋」

「出合茶屋ひっそりすぎて覗くなり」

272　茶をのませるだけではない水茶屋

もと盛り場へ出た葦簀の腰掛茶屋だったが、茶汲み女をおいて客をひきつけるうちに、一軒建ちの常設のものもできた。

つまり、喫茶店がナイトクラブに変わったようなもの。

両国の水茶屋、上野、深川、目黒、高輪の水茶屋が有名だった。

また、浅草には二十軒茶屋というのがあった。

「二十軒、茶をのませちとあつちらへ」あちらのスペシャル室《ルーム》へどうぞというのである。

273 艶名をうたわれた水茶屋女

いちばん名高いのが、浅草ごふく茶屋の湊屋おろく。おろくは粋な結び髪で売り出したので、それ以後、江戸の水茶屋女に結び髪が大流行した。

つぎが〝明和の三美女〟といわれた二十軒茶屋の蔦屋およしと、谷中の笠森おせん、浅草奥山の揚枝見世の看板娘の柳屋お藤（もっともお藤は水茶屋女ではない）がいる。さらに堺屋おそで、高輪の湊屋お玉、麻布のお兼、深川八幡前では沢瀉《おもだか》屋のおはな、升《ます》屋のおてふ、住屋のおかんなど百花繚乱であった。

274 楊弓場《ようきゅうば》でお色気たっぷり矢場女

「小当《こあた》りの的になってる矢場女」

水茶屋にかわり、楊弓場が盛《さか》ったのは幕末である。

ここに美しい看板女がいるし、矢返しという雇い女もいて、裏の小部屋で春を売った。

矢返しとは客の射た矢を拾うのだが、客はその間も手を休めず射つづけるので、作業には技術を要した。

いたずらな奴がわざと狙って射てきても、巧みにさけるばかりでなく、赤い腰巻をちらつかせて客の助平心を誘う。

ほかに、彼女たちは弓の左引きという技術を持っていた。これは矢場で弓を引くとき、客と並んで、しかも客に向かいあったままで弓を引くこと。客が普通に右手で引くので、向いあう女は逆の左手で引くことになる。それでも的をはずさなかった。

275　最下等の街娼、夜鷹

「人目も草もいとはぬ夜鷹なり」

「京は君、嫁は大阪、江戸は鷹」

京は「辻君」、大阪は「惣嫁《そうか》」、江戸では「夜鷹」といったとの意。宝暦（一七五一～六三）には、

「凡て鮫ケ橋、本所、浅草堂前、此三ケ所より出て色を売り、此徒凡て四千に及ぶと云ふ」（武野俗談）

というから、江戸の女五十人に一人の割合。

弘化年間（一八四四～四七）には夜鷹の番付を売り歩いたほどである。

夜鷹の出没する場所は、ほかに両国、柳橋、呉服橋外、鎌倉河岸など柳のある土手が多い。

彼女らは柳の陰からすーっと出て、往来の人の袖を引いて土手を降り、川端に積んである材木の間などで事をすませた。持参のござが唯一の道具で、柳と共に夜鷹の象徴であった。

夜鷹の相場は二十四文である。

「蜂の巣のようなのに二十四文出し」
「脇差を抜きなと夜鷹初会なり」
は、客に中間《ちゆうげん》が多かった証拠。脇差は中間の木刀をいう。

276 日を決めて行く安囲い

これは月三分から一両位で、三、四人の男に囲われるといった安妾のこと。安政(一八五四〜五九)の町触れで、こういうのは遊女と同じだから吟味するといっている。

旦那は多く下級武士だが、商家の手代でも金さえあれば旦那にした。あれこれ四、五人の男を持ちながら、日を決めてあるからぶつからない。男にはオンリーと思いこませてあった。

また、半囲いといって、囲った女をそのまま父兄の家におき、囲った者が通うという便利で経済的なのもいた。
「たこのまねするがお妾上手なり」

277 江戸四宿にいた宿場女郎

品川、千住、板橋と内藤新宿、これが江戸からの四つの出口である。いずれも日本橋から二里の道のり。

ここには飯盛女《めしもりおんな》という宿場女郎がいた。宿場保護のため黙認されたもので、一軒につき二人という制限があった。が、その二人だけ表見世へ出し、裏に多数の飯盛を抱えていた。

278　死んだ娼婦の投げ込み寺

当時流行の梅毒や、不治の病気にかかった遊女はどうしたか？　娼家ではきわめて冷たく、不治と決まればろくに手当もせず、ただ死ぬのを待っていた。死ねばすぐ銭二百文をつけて「投げ込み寺」へ持ちこむ。

寺ではろくに読経もせず、総墓という大穴に投げ込んで、おしまいである。

新宿の成覚寺《じょうかく》、両国の回向院、橋場の総泉寺、深川の霊厳寺、浄心寺などが「投げ込み寺」であった。

279　陰間（男娼）の養成は十四、五歳から

陰間というのは十四、五歳から十六、七歳までの少年で、普通、服装は若衆姿である。

多くは浪人の子弟や貧困な町人の子供を、遊女同様に手に入れた買主が、男娼として養成したものである。

表向きは旅役者宿、子供稽古所、歌舞伎役者振付師と称し、歌舞伎役者の弟子にするなどといった。

少年たちは陰間として買われると、必要な遊芸の一通りを習わされる。これと同時に夜の任務に堪えるための怪しい訓練がほどこされた。

また、顔には紅、白粉、口紅、眉墨をつけ、女と変わらない化粧をした。言葉や動作も柔かく女のようにと心がけたのである。

十六、七歳を過ぎると、女を相手にずっ

と男娼で過ごすのが普通。その末は、たいこ持ちや遊芸人になる。しかし正業につい て一生をおわるものも多かったという。

280　なぜ男色を「たけのこ」というか

男色のことを「たけのこ」ともいう。

これは愛童が十歳から二十歳ぐらいの少年だったたからである。つまり、まだ青竹にならない、たけのこの間がいいというわけ。

また、京都生まれは肌がきれいで、本場の稚児さんは加茂川の水で磨きあげたという。

281　寺小姓は和尚の性欲のはけ口

もちろん、表向は手習学問のために寺入りするのだが、たいていは旗本御家人の子供で、それも二、三男坊であった。

寺でひきとるのは相手の貧乏を見越してだが、ここでは女犯を禁じられた僧の男色の相手をさせられた。

このことを親が知らないわけではないが、成人すると寺で坊主になれ、また御家人株や同心株を買ってくれるので目をつぶっている。やがてそれが寺小姓の目的となった。

一時を忍んで、終身の計をなさしめるわけである。

282　愛童が念者を恋することはない

念者（坊主）が愛童を恋して追いまわすが、愛童が念者を恋することは珍らしい。

まれにそんなそぶりがあっても、念者に気に入られるために恋するふりをするだけである。

ある僧は、愛童を抱いている最中にあくびをしたので、急に追出してしまったという。

愛童にとってはうるさいばかりだから、その年齢を過ぎて成人してしまえば、ケロリとして忘れてしまうことになる。

かりに愛童同士が争っても、これは嫉妬や寵愛争いではなく、自分の地位や意地をかけたものにすぎない。

283　念者の嫉妬は恐ろしい

愛童のほうに執着がないのとは反対に、念者の愛童への執着はすさまじい。

寺と寺との争いは、その多くが寺小姓の奪い合いであった。

八百屋お七の相手、寺小姓の吉三郎も、住職豪観が嫉妬に狂ってお七との恋仲をさくのに狂奔した。その住職をうらんで、お七が円林寺へ放火したのだという説も、何かもっともらしく聞える。

第七章

「敵討」

ものしり15の考証

284 幕府はなぜ敵討を認めたのか

敵討はむかしから、公認ではなく黙認であった。なぜだろうか。封建社会機構の欠陥を補うためやむなく許したと考えられる。つまり幕藩体制が確立すると、他領への警察権が及ばない。殺害者は事件後すぐ他領へ逃げ込んでしまうが、藩政府は、これを他領まで追って逮捕することはできなかった。中央の幕府といえども、大名領に直接の警察権はない。そこで敵討に限り殺人を黙認したのである。

285 敵討は黙認したが手続きが必要

敵討は「仇討」「意趣討」ともいい、本来は主人、父母、伯叔父母、兄姉等の目上の者の遺怨を晴らす場合に限られる。

しかも討手は所定の手続きをしなければ、敵討と認めず「けんか」として処罰された。

また敵が乱心者（精神異常者）の場合は正常になるまで待つのが常識であった。

286 返り討にあえばそれまで

首尾よく敵を討てればよいが、反対にやられてしまうと、さらに由緒の者が願い出ても許可はおりなかったという。

287 かけおちした姦夫を殺す妻敵《めがたき》討

これは本来、敵討ではないが、事実があれば敵討に準じたにすぎない。妻を寝とられるなど大恥だし、妻敵《めがたき》を討ったからとて名誉なことではない。立派な男だという形容に「妻敵を討つような男ではない」という言葉がある。

288　敵討になる場合、ならない場合

一般には、ひとりに多勢がかりで殺した場合、闇討や謀殺なども敵討ということになる。

喧嘩の場合や討たれ方により、敵討が生ずることと生じないことがある。

あきらかに敵討にならないのは、戦場の一騎討や果し合いである。これは本人同士、はじめから負ければ死ぬことを承知の上だからであった。

上意討や手討からも敵討は発生しない。

家来になってしまえば敵討はできない

封建時代の主従観念では、主君に生殺の権があったとするからである。

289　家来になってしまえば敵討はできない

敵討をするために、ひそかに仇人《あだびと》の家来になっていて、すきをねらって討つことは許されない。

たとえ仇討証文があっても、一日でも主君とした者を討つのは主殺しという、封建道徳の最高の違背者となるからだ。

290　討手は被害者の目下の者に限る

敵討は法的にきまったものではない。やむにやまれぬ人間の情愛に発する行動なので、目上の人の遺恨を目下の者がはらす。また血縁の近い順に討手となるしきたりであった。

父の敵を子が討ち、子がいなければ弟が討つ。主君の敵といえども、子がいれば子が討ち、なければ家来が討つことになる。子があるのに弟が出たり家来が出たりするのはいけない。しかし実際には理想どおりにいかず、兄が弟の敵を討つなど逆縁のこともあった。

291　町人の場合の敵討は事後承認

事前に公認するのは武士の場合のみ、百姓・町人にはないことである。江戸中期から庶民の敵討がふえたが、この場合は敵討のあと、殺人犯として一度収監され、取調べを受けた結果、敵討に相違ないことがわかれば無罪になったのである。

292　どこへ届け出るか

江戸市中では町奉行、京都では所司代へ願い出る。地方では領主または地頭だが、その領主、地頭からさらに幕府へ届け出る。

幕府へ間接に届出ておくのは敵がどこへ行くかわからないからである。その届出さえあれば、全国どこででも敵討ができた。

幕府では敵討を願い出た者の姓名、族籍、年齢等をいわゆる「公儀御帳《こうぎおちょう》」に登録しておいた。

293　親の敵討は願い捨てで出発

親の敵は許可を待つまでもなく、願い捨てで飛び出しても、脱藩者にはならなかった。当然お暇《いとま》が出たからである。

武家の奉公は公的なもので、それと一身一家のためにする敵討は矛盾する。そこで、いったん敵討に出ると休職となって禄は出ない。討手は親戚や友人の仕送りによって仇討旅を続けねばならなかった。

294　助太刀なら逆縁でもよし

近親者をさしおいて討手にはなれないが、その助太刀になることはできる。助太刀なら逆縁でもかまわない。荒木又右衛門が渡辺数馬を助けたのはこのよい例である。

295 敵討ができなければ帰参できない

どのくらいの長さのお暇が出るかといえば、まず三年間が普通である。幾年たっても別に追加の願いはいらない。つまり素志《そし》を達するまでは帰ってくるなということで、敵討はお流れにはできないようになっていた。

296 敵討の成功率は低い

敵を討ちに出て、仕遂げずに終った者の数はむろんわからない。

だが、諸大名の記録のなかに、敵討に出たまま消息がなくなり、ついに絶家になる記入がたくさんある。だいたい成功率は一パーセントだといわれている。

297 敵討成功後の帰参

これは旧主がすぐ帰参を許したばかりでなく、武門の名誉として禄の加増になることもあった。

浪人などでも立派な敵討をすれば、召しかかえになることがあった。

298 三大敵討の一つ、伊賀越の敵討

日本の三大敵討は「曾我兄弟の敵討」「伊賀越の敵討」それに「忠臣蔵」である。好見本として伊賀越の敵討をあげておこう。

ことの起りは、備前岡山城主池田宮内少

輔忠雄の家中、河合又五郎が、渡辺数馬の弟源太夫を斬殺したことにはじまる。

しかし、この又五郎の父、河合半左衛門が旗本安藤治右衛門と懇意で、又五郎を江戸の安藤にあずけたところからめんどうになった。

藩主池田侯の要求を、旗本安藤がつっぱねてしまったからである。

問題は大名と旗本の確執に発展した。

この斡旋には幕府がのり出したが、その間に藩主の代替りがあり、渡辺数馬は池田家を退いて又五郎を探した。

偶然にも、姉婿、荒木又右衛門のいる郡山に近い奈良に又五郎の伯父がいることがわかり、又五郎の動静が追々わかった。

しかも又五郎は、伯父の甚左衛門に守られて江戸へ立つという。

ここに有名な鍵屋の辻の襲撃となる。時は寛永十一年（一六三四）十一月七日――。

河合勢は二十人、又五郎を守って城下へさしかかった。数馬方はわずか四人である。

しかし、荒木は郡山藩の剣術指南役、したがって自信と余裕があった。

鍵屋の辻万屋で敵があらわれるのを待つ間も、又右衛門はしきりに冗談をいって数馬らの緊張をやわらげた。

いざ敵があらわれてから、悠然と万屋の勘定をすませて出たが、一文多くやりすぎたといって、又右衛門はとり返しにもどっている。これは、後日、敵前であわてて銭の払いすぎをしたといわれては恥だからである。

なんとも心憎いほどの余裕だが、前後三時間の戦いで浅傷一ケ所とは、よほど腕に差があったものと思われる。

しかし数馬は十三ケ所、従者孫右衛門は十一ケ所、同武右衛門は深傷のため夜になって死んでいる。

「敵討」テレビ考証の虚実

●「忠臣蔵」は正式の敵討ではない

「忠臣蔵」は敵討にあらず、などというと、早速抗議の手紙が舞い込んでくるやもしれぬ。しかしながら、実際その通りで、執念深い復讐には違いないが、正式な敵討とはいえないのである。というのも、敵討にはちゃんとしたルールがあって、三つの定義と五つの条件をすべて満たしていなければならない。われらが「忠臣蔵」は、まず定義の第一項、「死に報いるに死を以てすること」の点で不合格なのである。敵討とは相手に殺された場合にかぎるのであって、ひどいイヤ味をいわれたり、意地悪をされたりした程度では敵討といえない。仇人吉良上野介は、殺意をもって直接浅野内匠頭に手を下したのではなく、内匠頭は法によって罰せられたのだ。これは五条件の一つ、「刑罰によって殺された場合、裁判官や死刑執行人を敵呼ばわりはできない」という項にもひっかかってくる。

こう考えると、天下の「忠臣蔵」とて正式な敵討のカテゴリーには入らないのだから、テレビなどにたびたび登場する敵討にはかなりのルール違反があると見てよかろう。たとえば、ドラマチックな効果を狙うためによく使われる、仇人の家来に化けこんで討つ、などというのも、封建的主従関係上、許されない五条件の一つであった。

第八章

「忍者」ものしり18の考証

299　忍者とはスパイのこと

忍者はふつう聖徳太子の側近で、大伴細人《おおとものほそひと》という「志能備《しのび》」にはじまるとされる。

名実とも技術となったのは、奈良朝中期に遣唐使の吉備真備《きびのまきび》が兵書『孫子』を中国からもたらして以後のこと。『孫子』に用間篇なるスパイ術の記述があって、日本の忍術はこれをもとに発生した。その冒頭にいう。

「明主賢将の動きて人に勝ち、成功の衆に出ずる所以《ゆえん》の者は、先知なり。先知なる者は鬼人に取るべからず、事に象るべからず。度に験すべからず。必らず人に取りて敵の情を知る者なり」と。

300　修験道が忍術の原形

修験者は貴族仏教に対する庶民仏教の立場から、眼に見える現世的な力を見せる必要があった。そこで修験者らは、山中のきびしい練磨によって、気合術・催眠術・医療法などを体得したのである。また仏教思想の対立から官兵に抗戦した修験者らは、小を以て大を討つため山嶽にこもって天瞼《てんけん》利用の術を考えた。これらの要素は全部後の忍術に生かされている。

301　忍術には「陽忍《ようにん》」と「陰忍《いんにん》」がある

「陰忍」というのがいわゆるふつうの忍術で、その原形は源平初期の「義経流《ぎけい》」にある。義経流は鞍馬山中の修行に見るとおり、修験者の体術にほかならない。

これに対して知能的な諜報、謀略を主にしたのが「陽忍」で、原形は、南北朝の「楠流」にある。この「陽忍」が実は「陰忍」より高級な能力を必要とするのだが、あまり一般に知られていない。

302　忍者のランキング「上忍」「中忍」「下忍」

忍者にも階級がある。上忍は豪族で術は「陽忍」を使い、下忍は足軽クラスでもっぱら「陰忍」の使い手であった。中忍は両方を使い、「下忍」の組頭的存在である。

303　なぜ伊賀、甲賀に忍術が興ったか

地理的、自然的条件がその理由の第一。伊賀は鈴鹿、笠置の両山系にかこまれ、外界から隔絶した閉鎖地帯。そのくせ京までわずか八〇キロ、古来大部隊の進撃路にもなれば、敗残兵の潜入場所にもなった。

また起伏の激しい伊賀の地形が、忍者の育成に絶好の条件ともなっている。忍術の宗家服部氏は土地の土豪中の実力者だが、伊賀阿山郡の四十九院にいた修験者から、その手ほどきを受けたという。

304　北伊賀の服部氏伊賀を離れる

服部氏は戦国時代になると、外に活路を求めて本国を離れた。はじめ足利将軍に、後には三河の徳川家に仕えた。家康の代に活躍したのが首領の服部半蔵正成、たびたび家康の危機を救い、このため後に江戸城で二百人の伊賀者が「伊賀同心」として召抱えられることになったのである。

天正十年、本能寺の変のとき、家康は信長の招きで堺遊覧の途上にあり、そのため孤立無援におちいった。

一時は自決しかけたが、苦心のすえ甲賀、伊賀の山中を抜け、伊賀の白子浜から海路三河へ逃げ帰ることができた。いわゆる「伊賀越えの危難」である。

この時二百人の伊賀者が、服部半蔵にひきいられ、家康の守護に当った。半蔵はほかに姉川、三方ケ原の役にも戦功があり、戦後伊賀組の頭領として三千石を給せられていた。

ところが二代目をついだ子の石見守正就が、父の死後十年目に、人違いから、家康の信任厚い重臣の家来を二人まで闇討した。また配下の押えもきかず、伊賀者が四っ谷の西念寺にたてこもってストに入ったので、責任を問われて改易になった。服部氏なきあとの伊賀は、南伊賀の百地氏、北伊賀の藤林氏が伊賀忍者を支配した。

305　忍者を日本中にひろめた「天正伊賀の乱」

天正九年、織田信長は四万六千の大軍をつぎ込んで、徹底的な忍者討伐を行った。

これは過ぐる三年間、伊賀者の神出鬼没のゲリラ戦に悩まされたからである。信長軍は伊賀の女・子供に至るまで容赦なく殺戮したというが、ここに百地、藤林氏は敗北して、消息を絶ち、配下の下忍も逃亡した。これが伊賀忍術を日本全土にひろめる転機になったのである。

というのは、逃亡した忍者を諸国の武将が抱えたからである。加賀前田家の伊賀五十人衆、福島家の伊賀忍者などがそれ。後には越前流、福島流の分派さえ生んで、伊賀忍術の声価を高めている。

306 甲賀と伊賀はどう違うか

地理的に甲賀は伊賀に隣接している。忍術そのものに違いはないが、甲賀は早くから徳川家康に接近し、「天正伊賀の乱」では家康の斡旋によって戦禍をまぬがれた。以後もっぱら家康に尽し、関ケ原戦では伏見籠城に参加して、百人もの戦死者を出している。

その功績により、家康は戦死者の子弟百人を召抱え、江戸城本丸と大手三門の番士とした。これを「甲賀百人組」といい、「伊賀同心」より一階級上の与力に任じたのである。

とはいえ、一般には伊賀、甲賀の忍者として同じものと思われ、技術的にもまったく差異はない。

307　**陽忍は変装術を身につける**

陽忍は、いわゆる大物のスパイだから、変装してあらゆる人物に化けた。これを「七方出《しちほうで》の術」という。

虚無僧、山伏、出家、商人、放下師（手品師）、猿楽師（猿まわし）、常の形（普通人）、この七種類の扮装用具を用意していて、必要に応じて化けるのである。

もちろん扮装だけではすぐバレるので、ふだんからその物腰や、教養、技術を身につけていなければならなかった。高級忍術といわれるゆえんである。

308　**黒装束は陰忍《いんにん》のユニホーム**

おなじみ忍者の黒装束だが、身に着けるものを左に列挙すれば、

忍び頭巾・上着・たっつけ（伊賀ばかま）・帯・忍び刀。携行品は蘇枋《すおう》の手拭・鉤縄・石筆・薬・附竹（発火用具）。

よく黒装束というが、黒より柿色が多かったという。これは実効性による。黒は暗夜にも見えるが、柿色だとかえって闇に溶けて見えないし、血がついても目立たない。実際に柿の渋で染めたという。旧軍隊の軍服のカーキ色は、まさにこの柿色である。

309　**便利な「忍び熊手」という忍具**

忍者は高塀を、いともやすやすと乗り越える。抜群の跳躍力を持っているからだが、それでも高さに限度はあるが、忍具なる忍

びの小道具が、この限度を楽々と越えさせる。

「忍び熊手」とは、小竹を一節ごとに切り、空洞に麻縄を通してつなぎ、先端に熊手のついたもの。麻縄を引いてピンと張れば一本の棒状となり、高所に頭部の熊手をひっかけてから忍者は綱を伝って昇る。縄をゆるめると折り畳むことができ、かんたんに懐中にして持ち歩けた。

310　忍者が水上を渡ったというのはウソ

「水蜘蛛」といって、下駄の周囲に円形の浮袋をつけた忍具がある。これで水上を渡るのだが、今日の実験では、浮かないというのが定説になっている。では、なぜこんなものがあるのか。これらの出所はさまざまな忍術秘伝書である。

一体、忍術は伊賀・甲賀の閉鎖社会に発生、その使命上、極端な秘密主義をとって育成された。だから専ら口伝され、実用時代に伝書はなかったのである。秘伝書が書かれたのは、何と、忍術が無用の世となった延宝年間（一六七三～八〇）なのである。ここに秘伝書なるものの眉唾《まゆつば》性がある。

311　「くノ一」は陽忍の高等技術

忍法「くノ一」すなわち「女」の字を分解したもの。これは女を敵方の奥向へ仕えさせ情報源にする。「女スパイ」の話はスリルとお色気に満ち、時代小説の絶好の題

「くノ一」は陽忍の術から出た高級技術

材になっている。が、むろんこれは陽忍の術。

312　忍術は赤ん坊の時から特訓

実例を伊藤銀月著『忍術極意秘伝書』から、いくつか紹介する。

忍者の家では赤ん坊のときから、特別の訓練で体を鍛える。畳の上に濡れ唐紙二枚を重ね貼りにした襖をおく。親の忍者がその子の手を引いて、「あんよは上手」とばかりその上を歩かせる。襖の端にうまそうな菓子がおいてあり、子供はそれに釣られて歩くのだが、はじめは重量がかかってどうしても唐紙は破れる。が、それを叱りつけ、破らぬように毎日歩かせるのだ。何千回となく練習するうちに、ついに足型も残さぬまでになる。

忍者が敵城へ潜入したとき、足音や足あとを残さぬための訓練なのである。

真綿からとった細い糸を、鼻の穴の上っ縁に糊づけし、そよとも動かさず呼吸する。敵のまぢかに潜むとき、息を殺すための練習である。

大きな桶に水を満たし、その中に首を突っこんで長時間耐える。これは潜水のための練習。言葉でいえば簡単だが、この幼児からの特訓は大変である。その反復練習が、驚異的な体術を生むというのである。

313　『忍道』に見る虚と実の理論

忍術の精神とはどのようなものか、この理論づけが『忍道』という忍術秘巻にある。左の通り。

「抑々《そもそも》忍の道たる、元奇道にして正道にあらず、然りと雖《いえど》もまた正外に奇なく、奇外に正なく、要するに奇正一如にならざるべからざるの理に於て、竟《つい》に正道と相離るること能わざるものなり。正を離れて奇なく、若し強《し》いて正を離れたる奇を求めんと欲せば、その人必らず邪道に陥いりて道を過《あやま》たん。之を是れ忍の破れという。忍の要旨たる有を無となし、無を有となし、実を虚となし、虚を実となす。即ち是有無虚実の転換なり。以て無色無形に入、無声無跡に達し、無味無臭に帰し、而して天地と共にあり。之を行うに当りてや、唯だ他の瞳毛上に身を安んじて、以てその眼を避くる一法あるのみ、睫毛は即ち自らを睹《み》ることを能わざるものなり」

忍術の要諦は虚実のすばやい転換にある。「虚」とは敵の破綻であり、「実」はわが力の凝集点である。敵の虚点をとらえるや否や、一挙におのれの実で撃砕する。そのためには捨身で敵の内懐へとびこめというのだ。敵の睫毛《まつげ》の上が、かえって安全地帯なのだといっている。

314　闇の潜伏術「鶉《うずら》隠」と「観音《かんのん》隠」

闇と忍者は関係が深い。敵に気づかれたら闇に姿を消してしまう。が、実は暗がりのなかに忍者はいるのである。暗がりにうつ伏して口中で隠形の呪文をとなえ、印《いん》を結ぶ。これは心気を静めるためで、左手を柔かく握り、右手の上におくすなわち「鶉隠の術」である。かと思うと、敵の意表に出て、大胆に闇中棒立ちのまま、息をひそめる。これは「観音隠の術」である。

315　忍者が避ける五つのもの

月光、風上、竹藪、藁、水の動き。月光とは、月が東天にあがれば東方をさけ、反対側を歩くということ。風下を歩けば敵方の物音がよく聞え、こちらの音は敵に聞こえない利点がある。竹藪、藁は音によって敵に気づかれるからである。水の動きとは、溜り水を渡ると、その波動で敵に気づかれるため避ける。細心の注意が忍者の心得にはある。

316　現代でも役に立つ夜道を歩く時の心構え

忍者の心得は、合理的で現代人にも役に立ちそうである。
＊夜道を歩いていて先が見えない時は、地に伏して雲に透かして見るとよく見える。
＊人間の通る道なら、舌でなめてみると塩の味がする。
＊草木を人間と思うのは心の迷いである。そういう時は、道に居り敷いて心を静めていると、人間ならば何かの動きがあるはずである。
＊前方に柵があって、人間と見誤ることがある。そんな時もあわてることなく透かして見る。人間の群であれば「たけ」が揃わないが、柵であれば揃っている。
山道で行き暮れてしまった時など、こんな心得は役に立ちそうである。ためしてみてはいかが。

●眉ツバと思し召せ、忍者と忍具

一頃の忍者もののブームも、最近はやや影をひそめたが、それでも時代劇、ことに戦国時代を扱った作品などには、必ずといってよいほど忍者が登場する。伊賀・甲賀の忍者がすべて消滅した寛永十四年の島原の乱以後も、ドラマではアンコールに応えて時折その子孫とやらが姿をあらわすが、厳密にはあり得ることではない。それ以後は隠密といった方がよい。

なぜなら忍者が平気で人前に顔をさらすのはおかしい。忍者は戦陣で味方にも顔を知られないようにしたばかりか、自分が忍者であることさえ、外部の者に覚《さと》られまいと気を配った。もっとも、ドラマで初めから終わりまで黒頭巾をかぶっていたのでは演じている二枚目に気の毒だが……。

さて、本文でも述べたが、忍術には上忍の使う陽忍と、下忍の用いる陰忍とがある。陰忍はお馴染み忍び頭巾の装束に身を固め、あちらこちらを飛びまわる。

一方、諜報・謀略を主とする陽忍の方はユニホームもさまざまであった。虚無僧・山伏・出家・商人・放下師（手品師）・猿楽師（猿まわし）、それに常の形（普通人）を加えた七種類の変装を、伊賀忍術では「七方出《しちほうで》の術」と呼んでいる。こちらの方は運動神経だけでなく、変装に応じた物腰と学芸とが要求されるから、忍者稼業もなかなか容易ではない。江戸時代にはこの陽忍だけが残ったといえる。

ところで、テレビなどではトリックを使って簡単に行なわれるウルトラCも、実際はどうなっていたのだろう。

忍者が、成長の早い麻の葉の上を毎日飛びこえて跳躍の練習をしたという話はよく知られている。事実、彼らの超人的な能力は、すべて練習に練習をかさねた結果、生み出されたものであった。幼時からの猛訓練によって、爪先だけで歩いたり、足の甲で走ったり、またどんな逆手にも堪えられるよう、自由に関節をはずすことができたりしたのである。その聴覚十四倍、視覚八倍、嗅覚・味・覚は三倍というが保証のかぎりでない。

ほんとにそうならオリンピック選手はだし、スーパーマンもこの世に現われなかったろう。

彼らの使っていた忍具を見ても分る。かつて〝水蜘蛛〟と称する浮下駄を忍者映画で使おうとしたら、たちまちブクブクッと沈んでしまったという。他の潜水呼吸器〝鵜〟も、高所へスルスルとのぼる道具〝忍ぶ熊手〟もあやしいものである。

第九章

「切腹」

ものしり14の考証

317　切腹のはじめは袴垂保輔《はかまだれやすすけ》

袴垂保輔とは平安朝の大盗。保輔は藤原致忠の子で、権門の子弟より有能を認められながら、官吏登用に漏れたことから世をすねて、事もあろうに盗賊の首領になった。たびたび追捕を受けながら、軽捷、飛鳥の如しで捕まらない。そこで検非違使庁では、父致忠を捕え、これを人質として保輔に自首を呼びかけた。

保輔は剃髪して赦免を乞うたが許されず、やむなく左大将の従者忠延の家にひそんだ。それを旧輩下に密告され、多勢の捕吏に取り囲まれた。保輔はとうてい逃れられぬと見るや、腹を突き刺して腸を引き出し、捕吏に向けて投げつけた。それでも死にきれず、投獄されて翌日獄中で死んだ。永延二年（九八八）のことである。

318　切腹は武士の最期をかざる儀式

武士に切腹は附きものだが、これは武士道確立と共に古い。すなわち鎌倉時代以来、切腹は武士道の具現とされ、例は枚挙にいとまがない。

その典型として文禄四年（一五九五）、高野山青巌寺における豊臣秀次の切腹をあげる。

秀次には乱行が多く、〝殺生関白〟の異名さえあったが、秀吉への謀反の嫌疑をかけられ、七月十三日、福島正則によって上命が伝えられた。翌々日、秀次は湯あみして身を清め、小姓に命じて切腹刀の支度をさせている。

このときの供は小姓山本主殿、山田三十郎、不破万作、雀部《ささべ》淡路、それに学僧隆西堂の五人だった。いずれも秀次に殉死するので、おのれの分も入れて六腰の脇差を用意した。いずれも刀身を柄から外し、切先三寸ほど出して、握る部分を紙で巻いた。その紙に秀次がいちいち使用者の名を書きつけた。

やがて六人は別盃を酌みかわし、切腹の順序と介錯者をきめた。介錯は大役なので、互いに譲り合ったすえ、雀部淡路が古参だというので推挙された。

酒宴半ばに不破万作が、指定の切腹刀を取って白洲へとび降り、「酒の肴に……」と叫んで腹十文字に切った。そして腸をつかみ出すところを、秀次みずから介錯したが、刀の切れ味がわるく、二刀でやっと首を切り落した。淡路と共に万作の死体を塀ぎわへ片づける間に、早や山田三十郎が腹十文字にかき切った。同じく腸をつかみ出すところを、これまた秀次が介錯した。忙しくその死骸を片づける間に、今度は山本主殿が切腹、これまた秀次が介錯。三十郎と主殿の場合は一刀で首を落している。

こうして三小姓を介錯した後、こんどは秀次みずから、掛声もろとも左の脇腹へ刀を突き立てた。それから真一文字に右腹へ引きまわし、さらに刀を抜いて心臓のあたりを刺した。

瞬間、雀部淡路が介錯の太刀をふりおろしたが、初太刀は肩へ切りつけて失敗。あわてて二の太刀をふるったが、これは高すぎて後頭部を傷つけた。すると気丈な秀次は、「落ちついてやれ」と激励し、三太刀目はきれいにきまって首は落ちた。

淡路はすぐ秀次の死体を納棺すると、検使の福島正則にこういっている。

「介錯の失敗をお笑いくださるな。主君の介錯は仕損ずると聞いていたが、心乱れてその通りになりました」と。いっさいの始末がすむと、淡路も切腹して独力で死んだ。

319 殉死に「義腹」「論腹」「商腹」の三種あり

殉死は、武士の体面や義理の観念が誇張されるようになった江戸時代には形式化され、それが切腹の儀式化を促した。切腹の時期によって、追腹、後腹、先腹ともいうが、動機によって分けたのが左の三種である。

義理から死ぬのが「義腹」、体面からが「論腹」、「商腹」とは、そのため得をするという計算づくの切腹である。いずれも事の性質上、勇気を誇張し悲壮感を出す必要があった。そこにしきたりが生まれ、効果的な作法と方式ができたのである。

320　形だけで切る真似をする扇子腹

作法と方式が洗練されてくると、儀式となって実質を失う。恐怖のため取り乱したり、苦痛で切り損ねないよう、切腹刀のかわりに木刀や扇子を使い、形だけ切る真似をして、すばやく介錯人が首を切り落とす。これが後には正式となった。

321　なぜ腹を切るのか

切腹は自殺の方法としては、苦痛がはげしく介錯人を要する。これは日本特有のものだが、なぜこんな方法が生まれたか。

これは生命の本体が、腹にあると考えられていたからである。腹部を魂の宮殿と考えるので、ここを切り開いて黒白を見せるという観念が生まれた。それが武士道の名誉の尊重や、死を恐れぬ勇気に結びついて、武士の死に方はこれしかないと考えられた。本当は切腹よりも喉を突く方が簡単だがそうしなかった。

322　切腹の動機しらべ

前に書いた殉死の他に、切腹には種々の動機がある。

＊自刃＝これは数え切れない例がある。敗戦や敗走、落城時にいさぎよく切腹して最期をかざる。

＊責任上、切腹して腰罪しようとするもの＝広義には戦争責任や日常の仕事の上の責任上どうしても生きていられない時、この

種の切腹がある。

＊武士の面目をたもつため、切腹して一分の理を立てるもの＝最もよい例は、大石内蔵助の真意を知らず、その放蕩を責めたため、四十七士の復讐後、泉岳寺で切腹したといわれる村上喜剣であろう。

＊諫言切腹＝主君を諫めるため、ショック手段として切腹することがある。関東管領足利氏満の執事上杉憲春が、氏満の京への謀叛をいさめて切腹したのがこの適例である。

＊刑罰としての切腹＝むろんこれは罪あってのことだが、武士である以上いさぎよくその判決に伏するのがふつうである。

323 切腹の座は白縁の畳を二枚T字型に敷く

切腹の座の作り方は屋内と庭では異なる。大名・旗本は屋内、それ以下の武士は庭上だった。ここでは庭の場合の形式完備した刑罰切腹の例をあげよう。

竹矢来を結い、南北に出入りの門を作る。切腹の座は西または北向き、検使の席が相対して設けられる。まん中に白縁の畳を二枚T字型に敷く。

切腹は多く公儀預け人の屋敷内で、夕方から夜間におこなわれるので、矢来には白い幔幕を張り、座の傍には、白木の燭A口を二本おいた。幕の陰に切腹刀を乗せた三方、首桶、柄杓、料紙、香炉と白木の台な

切腹の座は白縁の畳を二枚T字型に敷く

ど用意した。

324　「ご安心めされ、槍ひと筋の者でござる」

これは介錯人が、切腹人から人物を聞かれた時に答える作法のことばである。介錯人は三人、麻上下に大小を帯びて勤める。一人が主役で首をはね、一人は介添として切腹刀を運ぶなど世話をする。もう一人は切腹後、首級を捧げて検使の実検に供するのである。

介錯人はふつう家中の者から選ばれるが、特に技と勇気を要し、失敗すれば家中に人なき感を与えるので、時には他家から借りることもあった。

325　切腹人の服装と切腹刀

切腹人は沐浴し、介錯のじゃまにならないように髪を茶筌《ちゃせん》に結い直す。

衣服は白無垢、無官なら浅葱無垢、夏はふつう白帷子である。上下《かみしも》は水浅葱、無紋の麻上下ときまっていた

切腹刀は九寸五分がきまりで、柄をはずし、切先五、六寸を出して奉書紙で巻く。その上をこよりで結びとめるのがきまりである。

326　「末期の盃」を二口にのむ

切腹人は南門から入り、北面して座に坐る。すると、まず下役が左手に白盃を乗せた折敷《おしき》、右手に水を入れた銚子を持って出る。折敷にはほかに塩を入れた土器も乗っており、これを切腹人の前にすえる。これが「盃ごと」である。

327　左手で臍の上を三度撫ぜる

盃ごとが終ると介添役が、三方に乗せた切腹刀を運んで来て、切腹人の前に据える。

切腹人は検使に目礼、落着いて右肌をぬぎ、次に左肌をぬぐ。江戸中期からは、前をおしひろげるだけになった。それから三方を少し手前へ引き、左手で切腹刀を取りあげて、右手を下から添えて眼の高さにおし頂く。同時に切腹刀を右手で持ち替え、左手で臍の上通りを三度撫でる。

328　腹十文字が正式の切腹

しばらく心気の静まるのを待って、一気に切先を左脇腹へ突立てる。そのままきりきりと右腹へひきまわす。切る深さは、三分～五分、深すぎてはうまく刀が廻らない。

右腹まで切ったら刀を抜き、持ち替えて刃を下にし、みぞおちへ切先を突き立てて、臍の下まで切り下げる。それでも絶命せず、なお気力があれば喉《のど》を突く。

329　介錯人は左斜め後に立って八双の構え

盃ごとが終ると、介錯人は静かに介錯刀の鞘を払うのだが、それには刃を上にして、そろりと棟をすべらせて抜く。抜いた気配で、切腹人に恐怖心を与えないのが作法。

抜いたら切腹人の左斜め後に立ち、ふつう八双の構えになる。そして切腹人の呼吸をはかり、一瞬、上段に直って一気に首を斬り落した。

330　喉の皮一枚を残すのが介錯の作法

斬首刑の場合は、すっぱり首を斬り落す。これに対し普通の切腹は、斬首とけじめをつけるため喉の皮一枚を残した。が、これはきれいにできた例はめったにない。

切られた首は下役が、右手でもとどりをつかんで取り上げ、死体の右側をまわり、検使の面前へ出て膝をつき、まず首の右側を見せ、次に左手に持ち替えて左側を見せる。検使がこれを確かめて儀式が終る。

第十章

「遊侠の徒」
ものしり7の考証

331　侠客はどうして生まれたか

幕府の小普請組というのは、お城の小工事を受持つ役。自分で出ないから、人足を出さねばならない。が、貧乏で中間《ちゅうげん》や小者はいないので、臨時の人足を雇って差し出した。

そこで、そういう需要に応えて、割元という口入屋が誕生した。これはもちろん町人で、寄子《よりこ》という若い者を常時持っていて用立てた。

この若者を旗本の家来として、幕府の工事に出すわけである。

そんなことから、割元は人望のある男がなり、やがて侠客として名を売ることになった。幡随院長兵衛が代表的存在。

しかし人足の割当が金納になり、百石につき小普請金一両に定められてから割元は消滅した。

332　義理人情に厚く腹のできていた侠客

割元は若い者を集めておくので、まず彼等に対しておさえがきかなくてはならぬ。寄子といっても内容は種々雑多な人間、これを旗本の家来として工事に出すので、絶対間違いのないようにせねば旗本の信用が得られない。

だから割元は、大勢の人間を心服させるだけの、人情に厚く義理を重んじ、腹もある男でなければつとまらない。つまり男伊

義理人情に厚く腹のできていた俠客

達の資格を持っていなければならなかったのである。

ここに後の遊俠の徒の原形があった。

333　伊達者の起源

伊達者とはダンディで、時の好みに投じた洒落男のこと。

寛永三年（一六二六）九月六日、後水尾天皇は二条城へ行幸、そのとき奉迎の伊達政宗の家来たちが、ことさらに美々しい行装で諸人の眼を驚かせた。これから風俗の華美なことを、京童は伊達者といいはじめたという。

334　博徒が田舎にはびこる理由

江戸時代も天保（一八三〇～四三）になると、封建制の矛盾がにわかに目立って来た感がある。水野忠邦の天保改革も見当はずれ、幕政の行きづまりは世情の混乱を深めるばかりだった。

江戸では食えない無頼の徒が関東の各地へ流れ、地方に根を生やして遊侠の徒となった。なかでも機業地として景気立った上州、それに房州や駿河など、金まわりのいい漁業地にまずはびこった。

そして各地で賭場を開き、子分を抱えて縄張りを広げた。その縄張り争いでいがみ合うこともあったが、逆に横の連繋を保って官憲に対することもあった。

百姓仕事に熱意を失った若者たちが、遊んで暮す博徒に憧れ、仲間入りするのは自然の勢いだった。

大前田英五郎、国定忠治、小金井小次郎、勢力富五郎、祐天仙之助らはみな天保前後の侠客である。

335　なぜ上州に博徒が多いか

上州は戦国のつぶれ大名が多く、その子孫だけにひどく気性が荒い。その上、博奕《ばくち》好きが多く、また温泉場などあって、他国者が多く集まる条件がそろっていた。

336　ボンクラは博奕からきた言葉

盆ござに張った金は丁半同じでなければ

ならない。数えるのは宰領の中盆の役目である。

この張った金をすぐ勘定できるやつを「盆が明るい」といい、それができないやつは、「何だ、この盆暗野郎」とどなられる。ボンクラはここからきているのである。

337　渡世人の挨拶の仕方

まず笠を取って入ってくると、右手を拳にしてこれを敷居につき、

「ごめんなさい」

とやる。家のものはすぐに、

「旅人お出でなさいました」

と返す。

この一言ずつのやり取りで、相手の貫禄というものを見抜いてしまう。旅人が、

「おひかえなさい」

というと、こちらはまた返す。これを三度ぐらいやる。双方互角ならば五、六回にも及ぶ。旅人はついに、

「ご仁義になりませんからぜひともおひかえなさい」

というと、はじめて、

「ぎゃくいとは思いますが、お言葉に従い、ひかえますからごめんなさい」

とこちらがやめる。

「かよう不様にて失礼ですがおひかえなさい。自分こと中山道は板橋隣村江古田にございます。渡世につきまして、親分と申し

ますは孝平の若い者でございます。名前の儀は勘五郎と申しまして、しがないものでございます。きょう、こうお見知り合ってお引立てのほどをお願い申しあげます」

と一息にやるのである。こちらは、

「お言葉に申し遅れましてごめんなさい。自分ことは当所でございまして××」と申します」と返して、ひと仁儀がおわる。

言葉につまったり、いいそこねたりすると、それっきりその家では相手にされなかったという。

「遊侠の徒」テレビ考証の虚実

●股旅ものの無警察状態はウソ

股旅ものの嚆矢は昭和三年、長谷川伸の戯曲『沓掛時次郎《くつかけときじろう》』だとされている。つづいて翌年、おなじ作者で『股旅草鞋《わらじ》』が出たとき、はじめてその題名から「股旅もの」なるジャンル名が生れた。旅を股にかけるという意味である。

が、そういう生態は雲助や、旅の小泥棒、ごまの灰にはあったが、ただちに博奕打《ばくち》にはつながらない。雲助は文字どおり雲水のような流れ者、どこへでも行っちまうから足止め策《さく》として博奕《ばくち》が黙認されていた。人足小屋では貸元・中盆・壺振りまで揃っていて、本格的な賭場と少しも変らない。ここだけは治外法権で、誰もとがめる者がなかった。そこで雲助の浮動性から、博奕の語感が生まれたように思える。いつか「股旅仁義」「股旅者」といえば、

「粋《いき》な三度笠よこちょにかぶり……」

のカッコいい博奕打が眼に浮かぶまでになった。特にテレビで木枯紋次郎が、一応のいざこざがあった後、

「そいつはあっしに関《かか》わりのねえことでござんす」

と、無責任なせりふを残して飄然と去るあたり、無責任時代の現世相にマッチして客を喜ばせた。確かに、匂う三度笠に縞の旅合羽、きりりと締った足ごしらえに長脇差《ながどす》をぶちこんだ旅人姿はいい。合羽を脱いで肩先に引っ掛けたのも粋《いき》なら、伸びた月《さか》

代《やき》を風になぶらせるのも悪くない。活動的で、軽快で、日本のキモノが一歩洋服に近づいたものとして、風俗史的にも注目されるスタイルである。が、あの股旅姿はやくざ独特のものではない。三度笠も合羽も手甲・脚絆も、すべて当時の一般旅行者のスタイルにほかならない。違うのは法定の道中差でなく、二尺以上の長脇差を差していたこと、そして全体にさっぱりと洗練されていたことである。

紋次郎シリーズが大流行のころ、意地の悪い雑誌社が、実際の股旅者はあんなスマートじゃなかったでしょうと盛んに筆者を突《つ》つきに来た。いかにも、顔の通る親分は別として、ふつうよれよれの着物でゴザの巻いたのを担いで歩いたとした本がある。そんな冴えない姿が本当だろうが、そこはドラマだからきれいごとにして構わない。ただ、股旅ものでおかしいのは、舞台になる宿場も村も、まるで無警察状態のことだ。警官らしい者は一人も出て来ず、良民は一体どうして生命財産を守ったのか。テレビ作家なんてのん気なものだ。

念のため書いておけば、制度上の欠陥を住民は強力な自治意識によって補った。事件があれば鋤鍬《すきくわ》を持って飛び出したのである。辻斬りで百余人を殺した平井権八《ひらいごんぱち》も大宮在での強盗殺人には、村人に取り巻かれ仲間三人と共にふん捕まっている。

第十一章

「剣客」ものしり17の考証

338　刀は日本独自の産物である

刀とは片刃で外反《そとぞ》りの日本刀のことをいう。外国には剣があるが、突くためのもので使用法が違う。

斬るときにも使ったのは、スカンジナビアの後海賊時代と、アングロサクソン歩兵の短剣ぐらいのものであろう。

日本刀の起源をたどるのはむずかしいが、奈良朝前後では諸刃《もろは》である。当時の文化が中国の模倣だからで、次第に片刃の刀が勢力を得てくる。

大宝年間（七〇一〜三）の大和国天国《あまくに》の作には、まだ反りがついていないが、それから約百年後の大同年間の伯耆安綱、同じく真守《さねもり》の作には、反りが現われている。

やがてこの刀は、斬撃に強く、携帯に便利な点で広く普及する。

戦場では、矢戦・鉄砲戦の世でも、最後には白兵戦となるので主兵器の座をゆずらなかった。

339　剣法はどのように発生したか

剣法が急激に起こったのは室町末期、戦国の世である。

当時は日本中が戦場であった。名も知らぬ奴が、いつのまにか、あたりを征服して一国一城の主になっている。

これを見て野心、功名心に燃える青年が力となるべき技術を求めたのは当然だろう。「偪下者《ひょくかもの》」「僣上者《せんじょうしゃ》」という言葉が生まれたぐらいである。

また下剋上の思想が広まって、将軍も大名もいつ家臣に裏切られるか知れない。対座していても急に斬りつけられることがあるので、身分の高い者も護身用に剣法を学ばねばならなかった。

一対一の剣術がこうして起こり、その名人は将軍、大名の保護を受けるようになった。そこで腕自慢の者は「武者修行」と称して諸国を遍歴、修行と同時に自分を売りこんで歩いた。「天下無双」と書いた陣羽織を着たり、多勢の門弟をつれて歩いたり、形の上のPRも忘れなかった。

340　剣法のはじめ「一の太刀」

東国武士の本場である関東平野に剣法が発生したのは、鹿島の神官に伝わる「鹿島の太刀」によるところが多い。

松本備前守尚勝は、この鹿島の太刀から「一の太刀」を会得したといわれる。

これが塚原卜伝、飯篠家直に伝えられ、なかでも上泉信綱によって技術的な大飛躍をとげた。すなわち「神陰流」である。

341　居合は日本にしかない剣法

居合を発明して一派をなしたのは林崎甚助重信である。

卜伝や信綱によって剣法が完成されてから三、四十年後のことである。

これをもって剣法は技術的に極限まで発達した。

知られるように、居合は刀を抜く術である。刀はいかに偏びているのがいいか。柄《つか》へは、いかに手をかけるか、脚はどう踏んでいるものか、鯉口はいかに切るべきものか。

居合の心得の歌に、

「抜かば切れ、抜かずば切るな此刀、ただ切ることに大事こそあれ」

というのがある。いわゆる鞘の中にて勝つというのを極意としている。

この居合を大成したのは「田宮流」の田宮重政。彼は刀にも工夫をこらし、長柄刀という八寸の柄を持つ居合専用の刀を発明した。

このように、剣法の技術は江戸初期までに出そろってしまった。あとは、それをより巧妙に、理論的にしただけである。

342　剣客の生涯の見本、小野次郎左衛門

柳生流とならんで、江戸初期の双壁といわれた一刀流の大成者小野次郎左衛門忠明の生涯は、剣士の一生の好見本である。

忠明ははじめ神子上典膳といい、上総の満喜氏に仕えていた。

その後一刀流の祖、伊藤一刀斎につき秘術を得た。一刀斎には他に下総佐倉に善鬼という弟子がいた。善鬼は典膳の兄弟子に当り、師の伝を受けて精妙の剣を使ったが、

性驕慢で一刀斎の憎しみを受けていた。

ある日、一刀斎は善鬼と典膳を下総の小金原に呼んだ。

そして一刀流の後継者を選ぶため、二人にここで真剣勝負をさせた。

この勝負に典膳が勝った。一刀斎は大いに典膳をたたえ、「瓶割り」と名づける一文字刀を授けると、そのまま立ち去って消息を絶った。

典膳はその後江戸へ出て、駿河台で一刀流の道場を開いた。

あるとき、郊外の膝折村で、ひとりの武芸者が村人を斬って取籠った。そ奴を討てるのは典膳しかないからと、そのとき幕府を通じて出馬を要請してきた。典膳は引受け、検使の小幡景憲と共に現場へ向った。

膝折村では犯人が、農家の一軒に立籠って大さわぎである。

この犯人を典膳は苦もなく斬り、みごとな一刀流の冴えを見せた。

景憲が帰って秀忠将軍に報告すると、その功により典膳は三百石の旗本にとり立てられた。

そこで外祖父の姓小野に変え、次郎左衛門忠明と名乗った。忠明の「忠」は秀忠将軍からその時もらったといわれる。

以来、小野一刀流を指南、また慶長五年（一六〇〇）には信州真田攻めに出陣、七本槍に加わるなど手柄を重ねている。

343　江戸中期の剣客たち

江戸の中頃は泰平で、剣術の堕落したときだが、立派な剣客もいるにはいる。

天真一刀流の寺田五郎右衛門
小野派一刀流の浅利又七郎
直心影流の長沼四郎左衛門
無住心剣の小田切空鈍
直心流の神谷伝心斎

である。寺田は木剣から火が吹くといわれた人。浅利又七郎は山岡鉄舟の師である。長沼は面、籠手《こて》を作り、現在の竹刀《しない》の発明者である。

小田切空鈍は合打を極意として、剣理に達した。剣法は真向の太刀一手しか教えなかったという。

神谷は神陰流第五代の正統になった人だが、六十七歳のときに、「剣道とは、己をすてて、直心で進み、非心をたって自然に生きることである」と悟って、極意を「非切」と称し、直心流をおこした。

344　「位は桃井、業は千葉、力は斎藤」

これは幕末の剣客のなかでも抜群といわれた三流をたたえた言葉。

桃井春蔵の姿勢風格は正しく品格があり、千葉周作は完璧な剣技をもち、斎藤弥九郎は実力に、処世に秀でているというのである。

345　神田お玉ケ池「玄武館」の北辰一刀流

むろん、千葉周作である。彼は奥州栗原郡荒屋村の郷士の次男坊。

十六歳で剣術修業のため松戸に移り、小野派一刀流中西道場へ入り、次に浅利又七郎義信に入門、二十三歳で免許皆伝を受けた。

周作が日本橋品川町に道場を開き、北辰一刀流を創始したのは文政五年（一八二二）である。親しみ易く、昇進の早い指南方針をとったので、たちまち門弟がふくれ上り、三年後には収容しきれなくなって、神田お玉ケ池へ道場を移した。

門弟実に三千人、以後は周作の全盛期である。後に水戸藩師範役になり、幕府に二百俵の与力格で召抱えられている。

門弟で有名なのは、山岡鉄舟、勤王の志士清河八郎、桜田門で井伊大老を斬った有村治左衛門らである。

346　九段坂上三番町「練兵館」の神道無念流

斎藤弥九郎は越中氷見郡仏生村の出身。十五歳で志を立て、飛騨越えで江戸へ出、能勢祐之丞なる旗本屋敷へ下男に住みこんだ。

まじめな人柄が能勢に認められ、その紹介で剣客岡田十松利吉に剣を学ぶことになった。

弥九郎はよき師を得て懸命に励み、たち

まち門下で頭角をあらわした。

岡田は神道無念流戸ケ崎熊太郎のあとをついだものである。

岡田が病死すると、弥九郎は推されて神田猿楽町の道場をついだ。

そして文政九年二十九歳で独立して、九段下に「練兵館」を開いた。

弥九郎のめざましい活躍はこの時にはじまる。道場を三番町に移して人材を養成、また伊豆韮山の代官、江川太郎左衛門の用人格として、領内の民政にうでをふるったりしている。

門下の逸材は、桂小五郎、谷干城、高杉晋作、品川弥二郎、関鉄之助、仏生寺弥助など多い。

347 築地あさり河岸「士学館」鏡心明智流

桃井春蔵、この流儀は初代を桃井八郎左衛門直由といい、大和郡山藩の物頭であった。

宝暦七年（一七五七）、直由は諸国を歩き、諸流の長を取り入れて当流を創始した。

安永二年江戸へ出て、日本橋茅場町にみすぼらしい道場を開いたのがはじめ。

「士学館」と称したのは四代目桃井春蔵直正である。

四代目は沼津藩家老田中惣左衛門の次男がついだ。

この春蔵直正は幕府に召抱えられ、諸組与力格で切米二百俵を給され、講義所教授方から遊撃隊頭取に進み、慶応三年（一八六七）慶喜将軍を護って上洛するなど、時流とはいえ、剣客の新しい道をたどった。

門下からは、武市半平太、人斬り以蔵といわれた岡田以蔵、上田右馬之助、田中光顕などが出ている。

348 時代によって剣術といわなかった

現代は「剣道」という。これは大正末期以来である。それ以前は「剣術」「撃剣」といった。この名が起こったのは江戸中期。遡って史的に呼名をたどると、古代は「撃刀《たち》」、室町中期までは「太刀打」、それから最盛期の戦国と江戸初期は「兵法」「刀法」「剣法」である。これを間違えた小説やドラマはお笑いである。

349 知っておくと便利な剣の三源流

前述の通り、剣法が起こったのは室町末期だが、その後広がった剣の流派は無数、幕末にはその数二百流を越えたといわれる。しかしそれをさかのぼると、次の三源流に発している。

①天真正伝神道流（新当流とも）、流祖は下総飯篠《いいざさ》村の飯篠長威斎家直といわれる。この一門から諸岡一羽《いっぱ》が一羽流、さらにその門弟、根岸兎角《とかく》が微塵流をそれぞれ開いた。また同じ家直の門弟に塚原土佐守がおり、その子卜伝《ぼくでん》が高名。

②神陰流（神影流、陰流、影流ともいう）。流祖は愛洲《あいす》惟孝《いこう》（移香とも）の子小七郎の門人で、上州の人上泉伊勢守秀綱（信綱と

も）。秀綱は長野信濃守の家臣だったが、主家滅亡後は剣客として立ち、足利将軍義昭のもとで諸士に剣法を教えた。門下からは、疋田《ひきだ》文五郎（疋田流）、丸女蔵人大夫（丸目蔵人佐、蔵人頭とも）（心貫流）、柳生但馬守宗厳（柳生新陰流）が出ている。

なかでも新陰流は子但島守宗矩、孫十兵衛三厳《みつよし》へと引き継がれ、三厳の時柳生流と改称。柳生家は大和柳生の豪族で、宗矩のとき家康に仕えて以来、代々徳川家の剣法指範となった。

③中条流。僧慈音《じおん》にはじまり、門下の中条兵庫助（頭とも）長秀が一流を完成。長秀は相州鎌倉の人、父は三河の挙母《ころも》城主で、数ある「剣法」中最も毛並が良い。長秀も足利将軍の剣法師範で有名。門下から富田九郎右衛門（富田流）、鐘巻自斎（鐘巻流）、伊藤（東とも）一刀斎景久（一刀流）が出ている。

350 生涯無敗を誇る宮本武蔵の合理派剣法

おなじみ武蔵の二天流（二天一流、二刀流とも）。あまりにも有名だが、武蔵の実像を略記すると——。

宮本武蔵は天正十二年（一八一五）播州揖東郡鵤《いかるが》の宮本村に生れ、父は新免無二斎といわれる。幼名七之助、後友次郎と改め、母方の姓をつぎ宮本武蔵政名といった。父信綱は十手術の名手。武蔵は幼くて天稟の才をひらめかせ、十三歳のとき新当流

（前出）の達人有馬喜兵衛と戦って勝ち、十六歳で但馬の剣豪秋山某と勝負してこれを撃ち殺した。以来、五・六年間に、有名剣士と試合すること六十余度、一度も負けたことがなかった。このなかに足利将軍の剣法師範吉岡憲法に、また豊前小倉藩の剣法指南佐々木小次郎にそれぞれ勝った試合が入っている。

　さて、この武蔵の剣法の極意は、著書の『五輪書』に詳しいが、要すれば先手必勝という、あくまで合理的・現実的な剣法であるのが特色。

　すなわち見せかけの華やかさや、時流に迎合した術を嫌い、あくまで実戦本位・実用本位、これなら勝てるだろうと誰にでも

生涯無敗を誇る宮本武蔵の合理派剣法

わかる。それを常に実践して怠らなかったところに武蔵の大成があった。

剣法の極意に、この合理派と「剣禅一如」の精神派の流れがあったことも重要である。

351　柳生新陰流の「剣禅一如」とは？

剣の道は命のやりとりにつながる。したがってしゃにむに勝たねばならぬ実戦主義となるが、この現実主義のなかに、武蔵のような合理派とは別に一種の精神派が生れるのも当然であった。「心の練磨」「自力開悟」を剣の極意とする新陰流などがこれである。

運を天に任せて、ただ前面の敵を討つのみである。されば必ず勝つ。あたかも夏空に雲が湧き、谷川の水がさやさやと流れる自然さ――それは臨済禅にいう「無依」の境地に他ならない。禅僧沢庵に禅を習った柳生宗矩が、この禅の理法を存分にとり入れたのである。

352　時代劇に登場する剣豪の剣法しらべ

時代劇は江戸時代が多く、しかもその初期に華やかであった。およその流派を並べれば左の通り。

二大流派として柳生流と小野派一刀流がある。武蔵の二天流はほぼ一代限りのようだ。

示現流（流祖・東郷肥前守重位《しげかた》）。これ

は透徹した捨身の剣法で、八双に構え、奇声を発して敵に激突していくという独創的なもの。薩摩の藩流として幕末まで続いている。

京には、吉岡憲法の吉岡流。斎藤判官伝鬼の天道流（天流とも）、中条流に発する一放流、大野将監の鞍馬流、小田孝朝の小田流、東下野元治の神明無想東流、石田伊豆守の無明流、さらに念流、東軍流、天心独名流、貫心流、諏訪流などがある。

353 「死傷しても構わぬ」と一札を交す他流試合

当時の他流試合は木刀を用いて、素面、素籠手で打ち合うのだから、必ずどちらかが死傷してしまう。試合に負ければ、軽くて片輪になるぐらいの覚悟がいった。

練習の時は組太刀（型）が主で、相手の急所の寸前で木剣をとめるからいいが、練習試合でも命がけであった。

354 江戸中期以後は防具をつけて練習

この防具の考案者は直心影流の長沼四郎左衛門国郷である。面と籠手がそれ。正徳（一七一一～一五）頃から使われた。さらに宝暦になって胴当が開発され、しだいに普及した。

竹刀は柳生流が早くから使用している。

ところが、この防具は素面、素籠手の伝統があったため、臆病で消極的な道具として嫌われ軽蔑された。死をも恐れぬ士道感から、誰しも抵抗を感ぜずにいられなかった。

幕末になっても素面、素籠手でやる者が多かったのはそのせいである。

「剣客」テレビ考証の虚実

●真剣の斬合いはがたがたふるえていた

時代考証をやって久しいが、無慮何万べんと聞かれた質問は、

「髷ものじゃチョウチョウハッシと斬り結んでいますが、ありゃ一体どうなんで？」

ということである。

「嘘ですよ。あんなばかなことがあっちゃ堪《たま》らない」

と答えざるを得ない。時代劇でやるのは殺陣《たて》であって、真剣の斬合いではない。

では、リアリズムを金科玉条とする近代ドラマでは異端ではないか。その通り。他の部分では現実に近くと努力しながら、立廻りとなるとまるで非現実的だ。堀部安兵衛は十数人を斬ってけろりとし、荒木又右衛門は三十六番斬りで凍しい顔である。一本の刀でそんなに人が斬れるものかどうか。テレビの近藤勇など人を斬ったあと、「今宵の虎徹《こてつ》はよう斬れる」

などといって、血糊も拭わず刀を鞘へおさめたりする。何ともお粗末な剣豪がいるもので、血のついたまま入れては抜けなくなるではないか。

では一体、本物の斬合いはどんなことになるのか？　筆者だとて見たことはないから何ともいえないが、

「双方まっ青になり、膏汗《あぶらあせ》がたらたらと流れるばかりで動けない。喉が乾いて声も出ず、突っ立って永いあいだ睨み合う。といえば体裁はいいが、全身ががたがたふるえ

ているのが実情だった。やがて片方が必死で斬りこむが、どっちが斬りこんでも双方傷を受ける。その一撃で傷の浅い方、そして気力のある方が多くは勝った」

と三田村鳶魚の書にある。

いかにもその通りであろう。ちょっと触れても指の落ちる研ぎ澄まされた刀では、初太刀で多少とも負傷せずにはすむまい。チョウチョウハッシと斬り結び、取っては投げ、千切《ちぎ》っては投げというのはとてもあり得ることではない。立廻りは時代劇の見せ場だが、どうにもならぬ矛盾を抱懐している。

その最大なるは十手術で、あんな枝の生えた金火箸《かなひばし》みたいなもので刀と戦えるわけはない。一体、どうしたのか。これなら今に残る十手術の道場で実験することができる。さっそく世田谷公園わきの一角《いっかく》流、清水隆次氏の道場に一日入門した。

その奥義にいわく。

勿論、刀を相手では敵の虚を衝くしかない。敵が油断なく大刀を構えれば、目潰《めつぶ》しか何かを投げて隙を作らせる。では目潰しを持っていなければ？

「唾《つば》を吐《は》きかけるんじゃ」

「上っていてその唾《つば》の出ぬときは？」

「敵のキンタマを蹴上げるんじゃよ」

と清水九段の秘術伝授、物理学上はもっともだが、何だか分ったような分らぬような……。

第十二章

「お家騒動」ものしり6の考証

355 お家騒動は人間社会の宿業《しゅくごう》

人間の集まるところ、大なり小なり軋轢《あつれき》はつきものである。同じ目的や同じ思想・主義にもとづく団体でも、内部抗争はやはり避けられない。まして封建制の矛盾を抱く大名の家中で、大なり小なりその争いがあるのは当然だ。いわゆるお家騒動は、その抗争の表面化したものである。

よく知られているのは加賀・伊達・黒田の三大騒動をはじめ三十件で、大は加賀百万石から、わずか三万石の小《しょう》大名仙石家までである。争いの内容もいろいろで、実にお家騒動は人間社会の宿業といえる。

356 江戸前期の騒動は幕府の思う壺

元和・寛永（一六一五〜四三）ごろのお家騒動は、宗主権《そうしつけん》の争いが原因であった。すぎし戦国時代には、片時も指導者を欠くわけにはいかず、同族中の実力者が交替で采配をふるって来た。平和になってもその余風が残り、同族は門閥として宗家の施政に干渉した。そればかりか、当主が凡庸だったり、嗣子がない場合は、これに取って替ろうとした。

勢い、当主は宗主権を守るため、腹心の家臣を集めて剣呑《けんのん》な門閥を近づけまいとする。しかし門閥の方にもかつての戦友がおり、横に腕を組んで対抗した。そこに家中を二つに割っての争いが生れ、結局、幕府の裁判へ持ちこんだ。大名を減《へ》らしたい幕府には、これほど好都合のことはない。幕府は一兵も動かさず、どうにでも大名を料理することができた。鍋島、黒田騒動がその代表例。

357　中期の騒動は大名家の貧乏から……

中期の元禄から寛政（一六八八〜一八〇〇）ごろまで、お家騒動は例外なく藩の赤字財政が原因である。財政のやりくりには、藩主の生活費のきり詰め、家臣の知行の強制借りあげ、同時に産業の振興をはかって重税を課する。どれも手荒い政策ばかりで、保守派の臆病な老臣にはやれない。こんなときは家格や身分など言っておられず、軽輩から取り立てて藩政を任せた。加賀騒動の大槻伝蔵がよい例である。

ところが藩主の生活のきり詰めには奥女中が反対、知行の借りあげには藩士全体の抵抗がある。革新のチャンピオンはいつの世でも風当りが強かった。

こうして保守・革新が激しくしのぎを削ることになる。たいてい革新派が破れたが、財政ピンチのひどい東北・北陸の諸藩で特にこの現象が強かった。

358　維新の動乱につながる後期の騒動

江戸後期のお家騒動は、どんなにもめても幕府に訴えることがない。幕府の力が弱まったし、また幕府自身にお家騒動が持ちあがっていたからである。

すでに積り積った封建制の矛盾が、どうにもならぬところへ来ていたが、そこへ黒船の来航があり、この際一挙に政治の仕組みを変える必要があった。その日本の大改新を前に、お家騒動でも革新派が勢を得、中期と違って保守派を圧倒した。

これが後期お家騒動の特徴であり、さらにその革新派がお家騒動の枠《わく》を越え、横に諸藩の革新勢力と結びついた。そして幕府という全国的な保守勢力と対決、明治維新を招来したと見られないことはない。薩摩藩のお由良騒動が好い例である。

359 江戸初期騒動のよい例「鍋島騒動」

肥前の名族竜造寺家が滅亡の危機におちいった。これは新当主政家の凡愚から、家来が主家を捨てて離散しはじめたからである。

そこで老臣たちがはかって、先代の義弟鍋島直茂に助けてもらうことにした。

ひとまず政権を直茂にあずけ、ピンチを脱したら政家の長男法師丸に返してもらおうというのである。

直茂は南筑後柳川の居城にいてなかなか腰をあげなかったが、念入りな起請文をとった上やっと執政に就任した。

おかげで直茂の竜造寺家は大いに興隆した。秀吉公のおぼえもめでたく、直茂は竜造寺家になくてはならぬ人になった。その子勝茂も父と共によく活躍した。

この頃から、直茂父子は竜造寺家の代官から、事実上は主君のような位置になった。政家の子高房は十五歳で元服したが、直茂からは何の挨拶もない。三年五年とたつうちに高房はあせってきた。このままでは政権が自分を飛び越して勝茂に移ることは確実だ。

高房は二十二歳になると我慢がならず、ついに勝茂を殺して宗主権をとり戻そうとした。

しかし、慶長十二年（一六〇七）、江戸桜田の屋敷で鍋島勝茂を斬ろうとし、仕損じ割腹自殺してしまった。

この後幕府は鍋島家を三十五万七千石のあるじと認めてしまった。

かくて竜造寺家は鍋島にとってかわられてしまったのである。

それから二十七年後に竜造寺伯庵という者が、竜造寺家復活の訴状を出して自分は高房の嫡男だと名乗り、政権を鍋島から取りもどしてほしいといった。が、幕府は訴状を握りつぶし、伯庵を筋違いとして山形へ流した。

「鍋島の猫騒動」というが、あれは脚色で猫とはまったく関係がない。

360　中期のよい例「池田騒動」

戦国末期の名将池田輝政は、秀吉の死後、

家康に接近、その次女督姫を妻にして出世コースを走った。関ケ原戦後、姫路で五十二万石、慶長八年備前で三十一万五千石、十五年には淡路の六万三千石を加え、総計八十九万八千石の大大名にのしあがった。

慶長十八年（一六一三）、輝政が死んだとき、六人の男子があった。

幕府は遺領を分け与えたが、そのうちに死ぬ者が出て四男輝澄が六万八千石の大名になった。

騒動はこの輝澄の家中で起こった。

家臣仲間で金の貸し借りから大喧嘩が起こり、その裁決が不公平だと、家中が真っ二つにわれた。

これは古参組と新参組の対立であった。藩主の輝澄が新参組の肩をもちそうになると、古参組の代表、国家老伊木伊織たちが幕府へ訴え出た。すぐ評定所の審理が始まった。

その結果、播磨六万八千石は公収、輝澄は因幡へ流され、両派のおもだったもの二十数人に切腹がいい渡された。このなかには関係者の子供のうち男児は全部入っている。幼くて切腹できない者は首をはねて殺し、お家騒動のむごたらしさを見せた。

「お家騒動」テレビ考証の虚実

●勝った者が作ったお家騒動の〝真相〟

世に知られるお家騒動は三十件あるが、それは表面化したものの数にすぎない。三百大名のすべてに、大なり小なりお家騒動が起きている。時にはご丁寧に数度の家《か》中《ちゅう》もあるので、大名だけで数百件に上る。

ではどうして、その中で三十件しか伝わらないのか？　理由は簡単、内紛が漏れては百害あって一利なし。臭いものに蓋《ふた》をしたのである。小さなお家騒動は、一藩内で処理し外部へ知れることなくすませた。大多数はそうして知られざるお家騒動として消えたが、規模の大きいものは蔽いきれずやむなく外間《がいかん》に伝わることになった。

が、その場合も勝てば大軍で、勝者のつごうのよい筋書に歪曲《わいきょく》されたものであることはいうまでもない。勝者が正しく、敗者が不正だときめつけてしまうのは、戦であろうとお家騒動であろうと、むかしも今も不変の法則である。公裁により黒白をつけたのは別かというと、そうでもない。裁判自体が時の為政者のご都合《つごう》しだいであった。越後騒動で大老酒井忠清が依怙《えこ》の裁きをし、一時小栗美作《みまさか》に凱歌のあがったのがいい例である。

名作『忠直卿行状記』の主人公、越前宰相忠直は元和九年（一六二三）暴状募って豊後の萩原へ配流された。並みの大名なら取り潰しにされるところ、将軍の近親だけに越後高田へ移されてその子仙千代が家督をついだ。

　仙千代は成人して光長、二十五万石の藩主として政務を取ったが、あまり出来がよくないため藩が二つに割れて争った。家老小栗美作《みまさか》派と、同じく荻田主馬派の三派であり、いずれも一万石の家柄家老だけに厄介なことになった。藩士はどっちかへ就かねば身が立たず、中傷と策謀で家中が渦巻き返した。

　小栗美作は生活が贅沢で、主家乗っ取りの野心ありと糾弾され、一度は隠居へ追いこまれた。が、時の大老酒井忠清に働きかけ、幕府に乗り出させて荻田派の幹部を逆に大名預けの処分に追込んだ。お家騒動では正義派を「お為方」、悪人側を「逆意方」というが、この時点では小栗美作がまさにお為方であった。

　ところが十二年後、酒井忠清が失脚するとこの事件、綱吉将軍の特命でやり直し裁判へ持ちこまれた。その結果逆転して、荻田派がお為方、小栗派は逆意方ときめつけられた。そのため世子の毒殺や、側室とのありもしない色模様までデッチ上げられた。美作は中央の政情により、永遠に悪人ときめつけられて今日に及んでいる。同じことが伊達騒動の原田甲斐にもいえる。甲斐も実はお家大事の忠臣だが、やはり幕府の政策上、伊達兵部と組んでお家乗っ取りを策した悪人ということにされた。お家騒動だけは、真相の分らぬのが真相である。

第十三章

「娯楽」ものしり27の考証

361　芝居の語源は芝生に坐り見物したから

観客が芝生に坐って見物したから芝居という。もっとも、それは相撲も曲芸も同じだが、中でも演劇は、縄を張って区画し、料金を取ったこともあって芝居の代表的な存在。

後にこの区画は桝《ます》となった。

また、終演のことを「芝居がハネる」というのは、入口にコモを張って観客の出入りごとにこれをハネたことからいう。

362　出雲のお国の男装が歌舞伎のはじめ

「かぶき者」といわれる武士の新風俗をまね、かぶき踊りをやったところ、人気が出て、かぶきが始まったという。

踊りには念仏踊りなどもあったが、お国の新工夫が実ったわけである。

お国は髪を男髷にし、太刀を帯びるという男装で踊り、夫の名古屋三郎は逆に女装で踊った。その性倒錯が刺激になり、男も女も群がり見物した。越前中納言結城秀康さえその妖美に見とれ、「お国は天下一の美女」と讃えた。

343　踊り狂って平和を喜んだ民衆

「念仏踊り」のほか、「風流踊り」「伊勢踊り」などが全国的に流行した。

出雲国の勧進巫女だったお国が、出雲大社修理の勧進のため、大勢の踊り子を連れて京都へやってきたのは永禄年間（一五五八〜六九）であった。

お国は四条河原に芝居小屋をつくり、そこで新工夫の男女あべこべ踊りを演じたのである。

「俳優のはじめ出雲の国言葉」

364　京の遊女たちが対抗してお色気攻勢

「かぶき踊り」が大評判になると、京にいた遊女たちが、ぞくぞくと芝居小屋をつくり、思い思いに扮装をこらして対抗した。

客をひきつけるために、煽情的な歌や姿態を売物にしたというから、今日のストリップに近いものもあったに違いない。高級遊女を太夫というのは、芝居の太夫から転用されたものである。

365　見物料は米一升

まだ貨幣経済はそれほど発達せず、米の仲介または物々交換であった。

道頓堀の芝居に一升札がおこなわれたのもこのころである。芝居の料金も銭なら永楽銭十文であった。

366　江戸最古の芝居小屋は堺町中村座

公認の常設小屋ができたのは中村勘三郎座に始まる。

勘三郎の家は、演劇家として由緒のある家で、宮廷や江戸城中で猿若能を演じたり、幕府の軍船安宅丸が大川に入るときには綱引きの音頭歌を歌ったりして、幕府とは密接な関係があった。よって寛永元年（一六二四）常設の小屋が許されたのである。

367　江戸三座とは

公認の中村座、ほかに葺町の市村座、木挽町の森田座をいう。

天保十二年（一八四一）には猿若町へ移され、「猿若三座」と呼ばれて明治のはじめまで続いた。

368　大奥の絵島事件で取潰された山村座

これは大奥における前代未聞の大事件であった。絵島は六百石の大年寄、大奥女中の最高位にある実力者だった。当時三十二歳。

山村屋の二枚目役者、生島新五郎にほれこんで派手な豪遊をしたのをとがめられた。

罰せられたもの男女千五百余人。山村座の主だったものは島流しになった。

なにしろ三月狂言の「鏡山」であてこむほど大奥女中と芝居とは深い関係にあったが、この事件できびしい取締りを受けることになった。

369　芝居は昼興行だけ

幕府は風紀取締りと火災予防から、芝居は七ツ半（午後五時）時分までという法令を出している。

よって午前七時から午後四時まで、ローソクやカンテラは使用せずに演じた。暗いので大切《おおぎり》の時分になると、ほとんど舞台が見えなかったという。

370 芝居ならでは夜のあけぬ江戸の町

文政（一八一八〜二九）からはやり出した人情本の主役は、ひとり残らず美男、美女だったが、その姿の美しさ、色っぽさは、いちいち俳優に引きあてて説明した。

なかには、眼が誰、鼻が誰と、部分部分をかぞえたてて、美男美女のひとりを形容するのに数人の役者をもってくるのもある。

当時の芝居の勢いはすさまじいもので、元禄・宝永（一六八八〜一七一〇）のころとはくらべものにならない。

そのころの江戸市民は、ただ芝居に喝采するのみでなく、誰が着た衣裳の模様だか

芝居ならでは夜のあけぬ江戸の町

ら、誰が使った笠の形だからと、芝居を生活へ取り入れて美化することを知った。

371　役者にはなぜ屋号があるのか

役者は河原者でなく、立派に一般市民であると幕府は裁判で統一見解を出した。そうときまれば町屋に住めるが、それならば商売をしなければならない。

浪人とか医者、儒者は格別、その住む町で、商売をしない者の居住を許さない。そこで役者も菓子屋とか香具屋、油屋など形だけの商家になった。もちろん店は他人まかせである。

店には屋号がいる。この屋号を芝居町へもってきて、客のほうが得意気にふりまわすようになった。

「播磨屋！」「成駒屋！」など屋号のかけ声が、まるで商売と関係のなくなった今になお残る理由である。

372　役者と同席して酒を飲むべからず

天保の改革以後、特にこれがやかましくなった。舞台外のファンとの交歓は、いっさいご法度だったのである。

八代目団十郎が編笠をかぶらずに、往来を歩いて罰せられたくらい厳しかった。

373　流行は芝居から発生した

元禄ごろから芝居の見物客は女のほうがだんぜん多くなった。女の人間的な自覚が始まり、自由に外を出歩くようになったためである。

芝居が日常の話題の中心になると、着物や風俗の流行が全部、芝居から起こるようにもなった。

374　三味線は盲人によって作られた

もちろん、三味線は琉球から渡来したものである。永禄年間（一五五八〜六九）に堺の琵琶法師、仲小路によって弾かれたのが最初だという。

しかし、蛇皮を猫皮に代え、爪で弾かずに琵琶の撥《ばち》を使うようになったのは、盲人の石村検校からであった。十六世期末といわれる。

375　江戸の流行歌を「端唄」という

江戸にはやった音曲に、長唄、小唄、端唄、そのほかには都々逸があった。

長唄が端正、小唄が洒脱なのに対して、端唄は卑俗で騒々しい世俗的な流行歌である。

とくに幕末は端唄の全盛期になった。いずれも三味線にあわせて歌った。内容に色っぽいものが多く、幕府はたびたび禁止したが効果はなかった。

376　幽霊に足がないのはなぜか

幽霊がいるかいないかは別にして、人びとの前に姿をあらわしたのは舞台の上である。

初期の幽霊は全部二本足で立っていた。『舟弁慶』の幽霊など、みずから平知盛の幽霊なりと名乗り、とんとん足拍子かなにか踏んで出てくる。

足のない幽霊は尾上松緑が工夫したもので、文化年間（一八〇四～一七）から舞台の上にあらわれた。松緑は、人魂が通るあとに、すーっと長く足をひくことから、足なし幽霊を思いついたといわれる。

377　寄席を「よせ」と呼ぶわけ

寄席と書くのは新しい言葉で、はじめ「寄せ席」と書かれたのを略して「よせ」といった。客を集める意味である。

寄席は文化十二年（一八一五）に江戸中で七十五軒、文政の末（一八二九）に百二十五軒にもなったが、天保の改革でにらまれ、古いもの十五軒だけを残してとりつぶしになった。

『寛天見聞記』には、

「……今は町内に二、三ケ所づつ、よせと号し、看板に行燈をかけ咄しに音を入れ、役者の声色物真似、娘じょうるり、八人芸、浮世ぶしなど、芸人を集めて外に家業もなく、人寄せをのみ業とする家あまたあり」

とある。

当時寄席はなかなかはやったのである。

378　講釈師の名前に馬の字があるわけ

講釈とは、軍記などを種本にして、いくさの話をするのだが、古くは『三国志』、または『太平記』などを講じている。

これが宝暦（一七五一～六三）以後だんだん盛んになり、名人といわれる人が出た。なかでも森川馬谷という講釈師が、のちのちにも類のないほどの上手だった。

その弟子筋にあたるのが、名前の一字に馬の字をもらい、それがしきたりになったのである。宝井馬琴などよい例。

379　相撲のはじめは勧進相撲

相撲そのものは古代からあるが、見物料をとって見せたのは寺社の修理や再建基金集めの勧進相撲がはじめである。

それがいつか因襲され、寺社のためでない興行まで寺社の境内が選ばれた。だから相撲は町奉行でなく、寺社奉行の管轄であった。

380　両刀をさした力士

大名は武を衒《てら》うため、きまった相撲取りをひいきにした。それがこうじて、宝暦ごろから「抱力士」というものをおいた。扶持を与えて家来並みにするのである。

そうなると本人は武士になった気で、紋服に両刀を差して歩く。中間《ちゆうげん》、小者体《てい》の者まで連れていることもあった。

そのかわり、土俵の上の勝負は、スポン

サーたる大名の名誉にかかわる。力士は命がけで取り組み、時には土俵以外でもトラブルを起こした。

381　仕切りは立ったままの江戸相撲

立ち合いといっても、仕切りは今日と全然違っていた。

立ったままで身構え、行司が団扇を引くと同時にすぐ組みあった。

382　盲人と女相撲があった浅草寺

明和六年（一七六九）の春、浅草寺の開帳にたくさんの見世物が境内に出た。その中に盲人と女の相撲が大人気を博した。

これまで女相撲、盲相撲はあったが、女と盲人の取りあわせが珍しかったのだ。

しかし天明（一七八一）になると、風俗上におもしろからずということで禁止になった。

383　女中相撲を楽しんだ田沼意知

田沼意次といえば、賄賂《わいろ》政治で有名だが、その子の意知《おきとも》は、築地に屋敷を持っていた。

その田沼屋敷から、夜《よ》な夜《よ》な黄色い女の笑い声が潮騒《しおさい》のように聞こえてきた。ころは天明（一七八一〜八八）、回向院の相撲が江戸の人気をさらっていた時代である。

笑い声の原因は、意知が趣向したお座敷女相撲の見物客にあった。

大広間にびろうどの蒲団を敷きつめ、縮《ちり》

女中相撲を楽しんだ田沼意知

緬《めん》細工の土俵を仕立て、女中等を裸にして取りまわしをしめさせ、「はっけよい」となまめかしい相撲をとらせたのである。

勝者へのほうびに、当時は貴重品の紅白の縮緬一反を与えた。

384　花火について

花火はもと、隅田川の納涼船で川の上へ涼みに出た人達が、花火売りから買ってあげさせた自前の遊びであった。

将軍家や、隅田川沿岸に屋敷のある大名も、娯楽と狼煙《のろし》の演習を兼ねて打ちあげた。

それがやがて、船宿や料理屋が金を出しあい、客寄せのため特製の大きな花火を打ちあげるようになった。

両国の川開きは、江戸時代が五月二十八日、明治七年からは六月二十八日。この日、盛大に打ちあげて宣伝に役立てた。

しかし一瞬の華麗のため、莫大な費用がかかるとともに、火災予防の上から問題がある。そこで打ちあげは水辺にかぎり、また、たびたび規模や打ちあげ期間に制限が加えられた。

385 玉屋と鍵屋が有名なのは

鍵屋と玉屋は江戸の花火屋の双壁といわれた。競って新しい趣向をこらし、川開きの日に江戸の夏空を飾った。華麗なその光芒がひらめくごとに、両岸の見物人は「玉屋ァ!」「鍵屋ァ!」と歓声をあげた。

のちに玉屋は出火して追放になり、家名が絶えてしまったが、名前だけは花火のほめことばとして、のちのちまで残った。

386 屋形船は豪華船、屋根船は二つ枕

江戸の人は舟遊びと深い関係がある。花見船、涼船、月見船など、四季おりおりの遊覧に舟が一役買っている。酒をくみながら両岸の景色が眺められ、浮世ばなれの静けさを味わえるという利点があった。

船には豪華遊覧船の屋形船、アベック用の味な屋根船、吉原の遊客を専門に運ぶ、スピードの出る猪牙舟があった。

387　屋根船の障子とすだれ

屋根船に障子をたてるのは、客が武士の場合に限った。

これはカゴなどにもあった、封建制による身分上の差別である。

そこで障子のたてられない町人は、屋根から簾を垂らすのが本当だが、その裏に障子をたてても外からは見えない。いつか障子と簾で二重に囲み、中で男女が乳くりあった。女は多く町芸者で、客と船宿で待ちあわせて水上へ出た。だから屋根船には、枕が二つ常備してあった。

●将棋は本来が武家の遊びであった

時代劇で将棋といえば、きまって裏長屋の縁台で蚊をたたきながらの縁台将棋である。そうでなければ髪床《かみどこ》の順番待ちか、せいぜい大屋《おおや》やご隠居の暇つぶしと相場がきまっている。が、本来はそうお安いものでなく、将棋は作戦計画や図上演習に役立つ武家の有益な遊びであった。実際、盤面を戦場に、駒を兵隊に見立てれば、戦略・戦術に似ていて一挙両得である。そこで幕府は連歌や囲碁所と共に、寺社奉行の配下に将棋所をおいて将棋を保護した。

一体、将棋は古代インドに生れたチャツラという遊戯が始まり。これが中国を経《へ》て日本へ伝わり、平安時代から公家の間に流行した。降って戦国時代になると、駒数も飛車・角《かく》を加えた四十枚とし、ルールも今日と同じものとなり、もっぱら武士の遊びとなった。戦術家織田信長はこの将棋を愛し、名人大橋宗慶《そうけい》を側近において保護奨励した。

江戸幕府も戦術の研究に役立つと見て、大橋家に将棋所を司《つかさど》らせ、五十石・三十六人扶持を与えている。武家の遊びだけに対局の作法がやかましく、また、戦場に見立てるので絶対「待った」を許さない。岡目八目のアドバイスも厳禁、駒を並べるにも上座の人が並べてから下座の者が並べる。将局が終ったときも、必ず下座の者があと片付《かたづけ》をした。

将棋所の年中行事として、毎年十一月十七日に「お城将棋」という将棋大会が催おされた。この日は江戸城黒書院で、午前六時から午後四時までぶっ通しに幕臣のお天狗が将棋をさす。勝負がつかねば二日でも三日でも、徹夜でぶっ倒れるまでさすという乱暴なもの。将棋盤は縦二尺、横一尺一寸、厚さ三寸、駒は桜の木で御台所直筆のものを使った。お城将棋は戦術研究の趣旨から、将軍も終始観戦するしきたりであった。が、勝負がなが引くと倦きてしまい、簾垂を下げて早いとこエスケープした。とんだ戦略戦術の研究である。

ところが、歴代将軍の中には妙なのがいるもので、九代家重《いえしげ》は大人になってもおねしょをし、ひどいどもりで何をいっているのかよく分からない。いちいち通訳を要するほどだったが、奇怪なことに将棋の天才であった。何と、『将棋考格』という著書まである。真実、将棋でこの将軍に勝てる者は旗本八万騎の中に一人もいなかった。

というわけで、将棋は幕府奨励の遊びだった。庶民がまねて広く普及したのは江戸中期、いつか作法などふっ飛んでしまい、「待った」もふつうのことになった。また将棋をさしながら、

「その手は桑名（喰な）の焼蛤」
「恐れ入谷《いりや》の鬼子母神」

など駄洒落を飛ばすなど別の楽しみも生み出された。

第十四章

「風俗」

ものしり50の考証

388　江戸の範囲はどこまでか?

江戸の市街地のことを御府内といったが、実はこの境界がはっきりしなかった。それで、しばしば幕府に対して問合せが寄せられていた。

そのため文政元年（一八一八）に、幕府は地図上に朱線を入れて境界を示した。これを朱引《しゅびき》絵図という。

朱引絵図によると、東は亀戸、砂村辺、西は角筈村、代々木辺、南は大崎、南品川辺、北は千住尾久村辺、このなかが御府内（御朱引内）ということになる。

389　江戸の人口はどのくらいだったか

江戸の人口は享保年間（一七一六〜三五）で百十万人、パリの五十四万人をはるかに引きはなして、世界第一の大都会であった。一時は減少したが、幕末にまた百十万余になった。町数は延宝年間（一六七三〜八〇）にすでに八百八町に達し、幕末には千六百余町にふくらんでいる。

390　江戸のゼニ計算早わかり

まず金一両が、今なら一万円〜二万円というところ、銀で六十匁、銭なら四貫文であった。

江戸時代のお金は、金貨・銀貨・銭貨に分かれる。金貨はまた五種類に分かれ、一両小判、二分判《ぶばん》、一分判、二朱金、一朱金という。一分は一両の四分の一、一朱は一

三貨表

三貨	種類	性質	算法	両替の仕方
金貨	大判	表記貨	四進法	相場は一〇両以上
	小判	同	同	金一両＝銀六〇匁＝銭四、〇〇〇文
	二分判	同	同	二分の一両＝銀三〇匁＝銭二、〇〇〇文
	一分判	同	同	四分の一両＝銀一五匁＝銭一、〇〇〇文
	二朱金	同	同	八分の一両＝二分の一分＝銀七・五匁＝銭五〇〇文
	一朱金	同	同	一六分の一両＝四分の一分＝銀三・八匁弱＝銭二五〇文
銀貨	丁板銀	秤量貨	十進法	四三匁あり、これに豆板銀で一七匁を添え金一両と交換。
	豆板銀	同	同	銀秤にかけ、金、銭と替える。
	五匁銀	表記貨	同	一二個で一両
	二朱判（南鐐）銀	同	四進法	八個で一両
	一朱銀	同	同	金に同じ。
	一分銀	同	同	
銭貨	一文銭	表記貨	十進法	慶長通宝・元和通宝 寛永通宝・元字通宝等 文久永宝等 宝永通宝 天保通宝 四、〇〇〇文＝一両
	四文銭	同	同	一、〇〇〇個＝一両
	十文銭	同	同	四〇〇個＝一両
	百文銭	同	同	四〇個＝一両

一〇文＝一疋　一〇〇文＝一〇疋　一、〇〇〇文＝一貫文　四貫文＝一両

分の四分の一というふうに四進法である。

銀貨と銭貨は補助貨幣で、一分銀といえば、一両の四分の一に当たる銀貨のこと。ほかに秤量貨の通用銀があって、これは秤に量って六十匁を一両の計算で使用した。

銭は一文銭、四文銭、百文銭があった。百文銭は天保年間につくられたので「天保銭」という。銭で一両といえば四千文のこと、一千文を一貫といったから、一両は四貫文である。

商店では店に小さなはかりをおき、秤量貨の銀の目方をはかって使用した。

391 時《とき》はどう数えるか

まず、明六ツが午前六時、暮六ツは午後六時になる。これは覚えやすい。それから昼夜十二時がそれぞれ九ツ。一刻《とき》は二時間だから、二時間で一ツずつ減っていくのである。午前二時・午後二時はそれぞれ昼八ツ、夜八ツ、午前四時、午後四時はそれぞれ七ツというふうに……。

それでは一時間の区切りはどうするか、幾ツ半という表現を使い、「四ツ半」といえば十一時を指した。

江戸初期までは十二支法も用いた。これは子から始まって亥で終る。間はやはり二時間である。

392 一文銭で足袋の大きさを計る

これは足袋に限って文尺（もんじゃく）

江戸生活時刻表

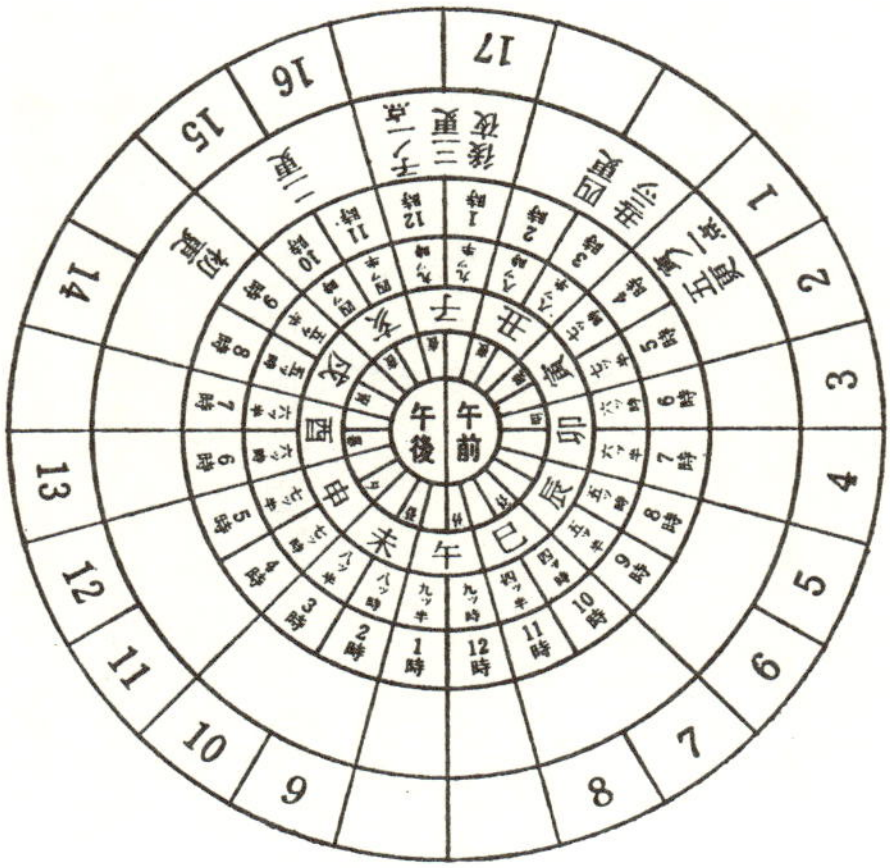

1 大名行列の七ッ立
2 勘定奉行下勘定所へ出勤
3 大奥のお錠口を開ける
　三十六見附門を開門
　中川船番所で舟の通行を許す
　商家店開く　辻番高張提灯を消す
4 職人の出勤
5 武家の昼食　若年寄登城
6 勘定奉行登城
7 町奉行登城　老中登城
　町与力・同心出勤
8 奏者番・大目付登城
9 町奉行下城　老中下城
10 奏者番・大目付下城
11 町方与力・同心帰宅　武家の夕食
　大奥七ッ口閉る
12 職人仕事じまい
13 中川船番所で舟の通行を停む
　暮六ッの鐘　入相　各藩邸の門限
　三十六見附閉門　辻番高張提灯に点燈
　大奥のお錠口閉る
14 初夜の鐘　旗本屋敷の門限
15 町木戸閉じる
16 川明きの場合の日附の境
17 三十六見附門小扉を閉ず
　子の中刻・法的の日附の境

〔備考〕
十二支で時を現わしたのは江戸初期。五ッ、六ッ半等の表現は江戸中期以降。江戸城の太鼓は昼夜十二刻の上刻に打った。

というのを用いた。八文といえば、一文銭を八つ並べた大きさである。

町人は普通皮足袋をはき、木綿の足袋は礼式用に用いた。夏はむろんはかない。

393　乗り方にうるさかった江戸のカゴヤ

いったいあのカゴというのは乗り心地のいいものであろうか。

大木戸のカゴはスピードが自慢だった。そのカゴが通ると市中の他のカゴは道をよけたほどである。

そのかわりこのカゴ屋は客の乗り方に注文を出す。カゴの中で身体がぶつからないよう、ピタリと腰を据えて身動きしないように乗らないと、

「旦那の乗り方ではカゴはかつげません。おりてください」

などといった。

394　冷水の一杯売り

七夕の晩になると、愛宕下のあたりに冷水売りが出た。

そこへ通りかかった人が、冷水をくれ、もう一杯くれといって、二杯飲んだが、その人が茶碗を返す時に、手をすべらせて割ってしまうようなことがある。

水売りは一荷百文から百二十文に売った。茶碗を一個割られては商売にならないが、それでもとくべつ嫌な顔をしなかった。そこが水売りのすがすがしいところである。

395　早物屋とは何の商売？

早桶を売るからで、別名、西方屋ともいう。いまの葬儀屋のことである。

396　チョンマゲはマゲの総称ではない

時代劇に登場する男の頭を見れば、すぐチョンマゲというが、それは間違い。マゲとは元結でたばねた髪の先手だが、これは銀杏《いちょう》の葉の形になっている。その刷毛の形が違うことで、髷にいろいろな種類が生まれる。

チョンマゲは元結を浅くチョンとかけ、銀杏の部分を小さくしたものをいう。

身分のある武士は元結を十本も巻き、銀杏を長くしているのは殿様の頭。彦根など武勇藩では髷が太くゴツイ。町人髷は細くやさしかった。

397　持参金つきの妻は追出せない

離婚する権利は夫にあったが、その場合、妻が親元から持ってきたお金は、そっくり耳をそろえて返さなければならなかった。嫁入道具も身廻り品も、同じく妻の所有物だから返す。もしそれが返せねば離婚は許されない。弱い立場の女に対する幕府の保護政策のひとつであった。

398　妻の方から離婚したいときは？

早いところ縁切寺へ駈込んで、三年間尼として勤めれば、離縁状がなくても夫から自由になれた。

　縁切寺は鎌倉松が岡の東慶寺、それと上野（群馬県）新田郡世良田にある満徳寺。駈込女を保護するとともに、寺が間に入って事情を聞き、よりのもどせるものはもどすよう計らった。

　しかし、よほどの事情があってのことだから、三年間を尼寺で過ごし、あとは大手をふって別の男と結婚する者も多かった。

「還俗をする弟子を持つ松が岡」

399　長脇差の長さは一尺七寸以上

　武士以外の帯刀は禁ぜられたが、脇差は町人でも許されていた。帯刀とは大小を腰にさすこと。大小とは刀と脇差である。その区別は江戸中期に、一尺以下は小脇差、一尺七寸までを中脇差、一尺九寸までが大脇差と法定された。したがってそれ以上は刀である。

　庶民は旅行などに大脇差をさしたが、命が的の遊侠の徒は、実用の武器として二尺以上の脇差をさした。大脇差より長いので「長脇差」といい、この点だけでもあきらかに無法者であった。

400　医者と相撲取は帯刀を許された

　医者の身分は武士と庶民の中間、村長《むらおさ》ぐらいのところだから、帯刀ごめんである。ふだんは脇差だけであるが、時には大小をさして歩いた。あまり似合わないが……。

医者と相撲取は帯刀を許された

相撲取はときに長脇差をさす。大名のおかかえ相撲は帯刀を許されることもあるが、これまたあまり似合わない。

401　江戸女の露出趣味

「見ぬようにしても目に立つ緋縮緬《ひじりめん》」

この緋縮緬は女の腰巻のこと。これをわざとちらつかせ、往来を闊歩する風《ふう》が町家の女にあった。

緋縮緬の腰巻は廓風俗だったが、色っぽいのでいつか一般に広がった。これがさらにエスカレートして、白い脛をちらつかせる女まで出てきた。緋縮緬のすそと対照的に、足が白ければ白いほどよい。そこで脛にも白粉を塗り、まぶしいばかりの足を拝ませた。

これでは、久米の仙人ならずとも眼がくらんで、男どもは路傍の溝へ転落した。それでもこのお色気公害に誰ひとり文句をいう者はなかった。

402 混浴と江戸ッ子の強がり

寛政改革（一七八九〜九三）で禁止されるまでは、銭湯は混浴が普通だったという。が、男と女が平気で入り混って入浴していた訳ではない。女は夜遅く、男の入浴者の少なくなった頃を見計らって入りに行った。

女湯を別にしてからでも、二つの浴室の境は申し訳程度のもので、流しで洗いながら女湯が見えた。

習慣となれば、湯屋で女を見ても平気だし、女性の方でも別に恥ずかしがらなかった、というのは表面だけの強がりで、男なら誰も煩悩の犬追えども去らず、ちょいちょい横目で盗み見た。そんな奴を江戸ッ子が見て、「何だ、女が珍しいか、勤番者じゃあるめえし、人間半分は女なんだ。しみっ垂れめェ」

と罵った。女湯覗きなぞ、殿様のお供で江戸に来ていて、女郎買いの銭もない貧乏武士のみがする卑劣な行為と軽蔑した。が、本心は自分でもうらやましいのである。

403 村八分とは？

村の附合を、元服、婚礼、葬式、普請、

火事、病気、水害、旅立ち、出産、追善の十に分け、このうち火事と葬式の二つだけは協力するが、それ以外は絶交するというもの。

404　五街道とは？

東海道五十三次、甲州道中四十四次、中山道六十九駅、日光道中二十三駅、他に奥州道中の二十七駅の五つである。

405　脇往還とは？

伊勢路＝四日市―伊勢山田間、佐屋路＝尾張岩塚―桑名間、中国道＝大阪―豊前小倉間、水戸佐倉道＝武州新宿―下野金崎間、の四つ。

406　木賃宿は安宿ではない

木賃とは薪の代金という意味。米や食料を自前で持参、宿屋で燃料だけ供給を受ける。そういうシステムだから安上りで、いつか広義に安宿をいうようになった。

407　茶代は茶碗の中に一文銭を入れる

掛茶屋でお茶だけ飲んで立つときは、客は茶碗の中へ一文銭を一つだけ入れておいた。江戸時代のしきたりで、明治まで続いた地方もある。

408　三度笠は飛脚のかぶった菅笠

「三度」というのは、京都江戸間を月に三度往来した「三度飛脚」からきている。この飛脚のかぶる笠は、菅《すげ》で編んだ中へ彎曲したもの。のちに一般旅行者も、やくざの旅人もよく用いた。

「ままよ三度笠横ちょにかぶり」というが、横にかぶれば、その前を通っても顔が見えなかった。

409 飛脚の速度は江戸と京都を十日間

東海道五十三次、江戸から京まで百二十五里を、普通の旅人は十三日で歩く。一日九里強であった。それを定期急行便の三度飛脚は、三日短縮して十日で走った。一日十二里半である。修練した足で慣れきった道を歩くのだが、それほど短縮できなかったのは、東海道でも山坂があり、川留めに妨げられたからである。

410 岡っ引、岡場所、岡ぼれの「岡」とは

岡っ引は目明し、岡場所は私娼窟、岡ぼれとは片おもいの意味。それは誰でも知っているが、さて、この「岡」とはいったい何か。

三田村鳶魚によれば「横から」という意味だという。

すなわち、岡っ引は町同心ではないから、犯人逮捕も本引でなく横から引っぱったため。岡場所も正統派の吉原に対して、横から客を引くという意味。岡ぼれに至っては、まさに横からほれるからである。

411 駈落者は八王子へ逃げた

江戸時代の男女の駈落は、八王子へ逃げるものと相場が決まっていた。文政（一八一八〜二九）以後、八王子の機業が発達して、そこへ行けば労銀（賃金）も得やすく、何とか生活できたからであろう。人情本にもよく駈落の名所として出てくる。

412 「イナセ」の由来は新内節から

安政のころ、花街を流した新内節の中に、「いなせともならその心、帰らしゃんせと惚れた情」

という文句があった。

その曲節の歌い手が、いかにも哀れですっきりしていた。そこでいつか「いなせ」が綽名となり、「今にいなせがくるだろう」と待つようになった。それがいなせの語の起こりで、粋に一段と庶民的な味を盛ったことばになった。

413 丑の刻参りとは恨み晴らし

丑の刻（午前二時）に、白衣に一本歯の高足駄をはき、火をともしたろうそく三本を頭上に立てる。胸には円鏡を吊した姿で神社へ行き、古木におのが憎む藁人形を五寸釘で打ちつけることをいう。

こうすれば必ず相手が死ぬと信じられたが、もし途中で他人に見つかれば自分の方が牛になるという。ばかげた迷信である。

414 「糞食え」という悪態の起こり

拷問の一種に「糞問い」というのがあった。

罪人を仰向けに寝かせ、大小便を口から注ぐのだ。

名誉を重んずる武士の場合、とても耐えられず、たいてい白状した。

江戸っ子の悪態「糞食らえ」はこれにはじまる。

415 「沽券にかかわる」の「沽券」とは税金のこと

沽券とは小間割（税金）をおさめる表町の地券状。

高い地価の表象なので、「品位」「体面」の意味となり、「沽券にかかわる」などというようになった。

416 十三屋とは櫛屋のこと

十三は九と四との和で、九四は櫛に音が通ずるから、こう呼んだ。

417 土左衛門とは相撲取の名

溺死体がブクブクとふくらむさまが、享保の相撲取、成瀬川土左衛門に似ているので、この名前が残った。

418 土壇場とは首切り場のこと

伝馬町牢屋敷の東隅に、死刑囚の首切り場があった。

これを俗に土壇場といい、ここまで来てはどうにもならない、よってニッチもサッチもいかぬことをこういった。

419　二足三文とは

物の値段のひどく安いことだが、江戸時代に物が最も安かった頃、草鞋《わらじ》二足を三文で売ったので、それにはじまるという。

420　「猫ばば」の由来

江戸中期、本所に住む、医者の祖母がたいへん猫を可愛がった。

つねに飼猫は三十四を下らず、猫のために一部屋を設け、専属の女中までおいていた。

この老婆、物忘れのためか欲張りのためか、人に物を貰っても決して返礼しなかった。

そこでこの語がつくられたという。

421　「札つき」の由来

札つきとはむろん悪党のこと。

連座の罪をさけるため、むかしは素行の悪い子がいると勘当した。

すると人別帳から名を消されて、いわゆる無宿者になる。

文化年間（一八〇四〜一七）、その手続きのすまぬうち、可能性のある不良には、人別帳のその個所に札をつけておくことがはじまった。それがいつか不良の代名詞となった。

422　間夫（まぶ）のはじめは

金山の掘口のことを間歩《まぶ》という。これが語源となり、はじめは遊里で金になる客のことをいった。

しかし金も力もない遊女の情人も、いつか大まかに間夫というようになった。貞徳に一首あり。

「かな山の間夫と申すかほれ心
人のなさけは穴にあるらん」

やがて遊女に限らず、一般の情夫も間夫と称した。

遊里で金になる客のことを間夫という

423　なぜ駕籠かきを雲助というか

浮雲のごとく、行方さだめず街道に巣食うからの称。雲助にも階級があって、長持担ぎ・駕籠かき・荷物持の順となる。お互いに呼び合うには大名並みに「おい、薩州」「加州」「因州」などと出生国の国名を用いた。

424　引戸のついた駕籠は乗物

引戸のついてないのがカゴである。引戸のあるなしでカゴと乗物を区別する。

簾のついたのはむろんカゴである。

425　御駕籠は将軍家のみ

御駕籠といって「御」をつけて呼ぶのは将軍の乗物だけで、他はただのカゴであり、乗物である。

426　網の色で罪の軽重がわかる「軍鶏カゴ」

罪人をのせるのが軍鶏《とうまる》カゴだが、青い網や白い網がかけてあった。むろん他の色もある。

青いのも重罪の方だが、最も重いのは白い網である。

この色によって罪の重い軽いがわかるようになっていた。

427　黒塗りの鋲打は女カゴ

女性専用のカゴといえば、長棒といって担ぐ長柄が前へ出て、一見曲ったようになっている。さらに台も長柄の黒塗りで、金具の美しいのが特色である。これを「鋲打ちの女駕籠」といった。

428 女の間で流行したたばこ

享保のころ、「精進する坊主とたばこをのまぬ女はまれだ」といったほど、女性がやたらたばこを吸うようになった。「服部たばこ」「和泉新田」、薩摩の「国分」、これらは江戸時代に好まれたたばこの銘柄である。

刻みたばこを売りはじめたのは貞享（一六八四〜八七）からで、それ以前は葉を買って手刻みにしていた。もちろん、きせるでのむのである。

429 江戸に自家風呂の少ないわけ

江戸ッ子の湯好きは有名だが、これは全部銭湯へ行くのである。一日に数回行く者までいた。

そんなに好きなら自分のところでわかせばいいと思うが、自分で風呂を持つ家はほとんどなかった。

これは井戸の関係で、江戸ではよほど深い井戸でないと、湯を立てるほどの水がでなかった。井戸掘りの技術も幼なかった。

430 遠眼鏡まであった湯屋の二階

気のきいた湯屋には二階があり、ここは一種の遊び場になっていた。

茶汲女がいて茶を出し、菓子も出す。碁

や将棋がおいてあれば春本もある。どこをのぞくのか遠眼鏡まで備えてあったから、まこと男性用のよからぬ社交場であった。

431　**女郎買い用の貸衣裳を貸す湯屋**

これは四谷大木戸の湯屋で、新宿へ遊びに行くのにいろいろな衣裳を貸したという。坊主が衣を脱いで医者になる。侍が町人風の着付をする。変装して女郎屋へのりこむのに、絶対必要な湯屋であった。

新宿だけにしかなかったというが、一風呂あびてから、というのは衛生的で風雅で、まことにおもしろい趣向である。勿論、文化文政（一八〇四～二九）以後の話。

432　**尺八の語源は切った寸法による**

尺八は竹の長さを一尺八寸に切ったところからその名がある。

中国からの伝来物である。

433　**源氏名とは何か？**

これは『源氏物語』五十四帖中の帖名。それからとった優雅な名だが、呼びにくいのはさけた。例えば「花散る里」や「匂宮」というのはなく、「空蝉」「浮舟」など口調のいいのだけをとったのである。

434　**お城の下肥取りは葛西船**

江戸城本丸の下掃除は、葛西の権左衛門という大百姓がまかされていた。そこで、下肥取りのことを「葛西」といった。
また下肥は舟で運ぶので、この舟を「葛西船」と人々は呼んだ。
下肥のお礼に葛西から、自慢の「たくあん漬」を献上したという。

435 ゴマの灰は真言宗の坊さんが売った灰

元来は護摩を焚いたありがたい灰だといって、真言宗の坊主が売り歩いたもの。のちには、いいかげんな灰となり、名称も転化して「道中のコソ泥」という意味になった。

436 江戸の四大橋とは

いずれも隅田川にかかった橋。両国橋・

お城の下肥取りは葛西船

大橋・永代橋・大川橋（今の吾妻橋）のことである。

437　「三百代言」の語源は

明治初年、弁護料が按摩と同じ三百文だったので、下級の代言人のことを「三百代言」と呼んだ。

●「うどん屋」と「そば屋」は違う

江戸時代というものを一つのかたまりのようにイメージし、そこに二百六十余年の歳月が流れていることを、つい忘れているようなテレビ作品が多い。

旅籠や料理屋で、今日のおしぼりが出てくるなどはお話にも何もならないが、間違いやすいのは割箸である。この割箸が初めてお目見えするのは、江戸もそろそろ終わりにさしかかった文政年間（一八一八～二九）、このころ飯の間に鰻をはさむ鰻丼というものがはじまり、これに割箸をつけて出前をするようになったのである。

そうかと思うと、てんぷらが流行したのは初期の元和年間（一六一五～二三）で、家康も食い合わせが悪かったのか、このてんぷらに当たって駿府で死んだ。

ついでにもう一つ、ある作品で大久保彦左衛門がそば屋の屋台でフーフー言いながらそばをすすっていたが、これも、である。江戸にそば切りが出たのは、少なくともそれから二十五年後の寛文四年（一六六四）。「そば屋」となったのは江戸中期の宝暦年間（一七五一～六三）で、それまでは関西と同じく「うどん屋」であった。従って、「忠臣蔵」の義士たちが討入りの夜、とある「そば屋」の二階に集合したというのもおかしな話である。

第十五章

「衣服・食物」

ものしり38の考証

438　紋のおこり

紋ができたのは平安朝中ごろ、公家から武家に及んだようである。が、源氏の笹竜《ささりん》胆《どう》、平家の蝶の丸紋は嘘で、まだ定まったものがない。戦場では標識として、源氏の白、平家の赤があっただけである。

南北朝・室町あたりから家紋となり、また戦場での晴れの徽章として種類もふえた。江戸時代から一般にも賞翫されたのである。

439　武士のまねをしたがった町人

紋が町人の間にも普及するようになったのは、金持の町人たちが、大名に接近して、物珍らしい紋服をちょうだいすることが流行してからである。

紋服を町人が喜ぶのを知ると、金策その他で町人を喜ばせておきたい大名は、時服拝領を定例にしてしまった。

かくして町人の間に紋附が流行、たちまち普及した。

440　丹前は湯女風呂にはじまる

丹前とは、いわゆるドテラのこと、これを京都で丹前といった。その起こりは神田雉子《きじ》町堀丹後守の屋敷前にあった湯女風呂が、慶安（一六四八〜五一）ごろから江戸の評判になった。

湯女というのは風呂屋の女三助だが、いつかそれが洗場のサービスだけでなく、二階で売春するようになった。その湯女のいる風呂屋を湯女風呂という。丹前の湯女風呂が有名なのは、美妓が多く、特に勝山（遊女）がいたからである。

そこへくる客は濶達な旗本で、身なりも派手だったので、これを丹前風といった。目立つのは厚っぽい大柄の着物で、当時の感覚では大いにダンディであった。よって象徴的に「丹前」といった。

ドテラと丹前は同じようなものだが、丹前は布団と同様に数ケ所を綴じ糸で綴じるが、ドテラは綴じないという違いがある。

441　小袖とは着物のこと

今日われわれは和服のことを「キモノ」というが、当時は小袖と呼んだ。小さな角のとれた袖がついているからである。

振袖はその袖が長く、美しい模様のあるもので、小袖の変形といえないことはない。

442　ねりぬきは男の礼装用

ねりぬきは練緯とも練貫とも書く。薄絹を練ったもの。「練る」とは絹を灰汁《あく》で煮て柔らかにすることである。

ねりぬきでつくった小袖を束帯下に着るのが成年男子の礼装だった。

443　ちりめんは下着用

縮緬とは縮織《ちぢれお》りの絹のこと。とくに緋縮緬といえば湯文字（腰布）の代名詞みたいなもの。遊里で遊客たちが下おびにこったのが遊女に広がって、やがて一般化したものである。

444　ななこは羽織用
魚子と書くが、これは魚のハラゴ（卵）の形を意味する。ななこ織りは、その布地の織り方が魚の卵に似ているのである。

高級品である。

445　りゅうもんはカミシモ用
竜門、竜紋とも書く。羽二重に似て糸がやや太く、織り目はななめに、地質厚く、白色で光沢のない高級織物である。

室町時代は将軍の小袖に用いたが、江戸になると多くカミシモ用であった。

446　花色とは薄いあい色
これは布の染め色のこと。名前を聞いただけでは想像がつかない。他にもある。
鶯染＝緑に茶と黒の混じったもの
ゆづり染＝紅紫藍ねずみなどのぼかし染め
柳染＝白味をおびた青
煤竹＝赤黒色
玉虫＝光線の具合で緑また紫に見える青
欝金＝黄色
浅黄＝みず色

447　総鹿の子は全女性のあこがれ
カノコというのは絹をつまんで糸でしばり、染めると丸い目の斑《まだら》ができる。この白い斑入りの模様が「鹿の子」である。

鹿の子は延宝から天和（一六七三〜八三）にかけて大流行になり、全体に鹿の子をほどこした総鹿の子の小袖が女性のあこがれのまとになった。

しかし、小袖一着分の総鹿の子を結いあげるのに、専門の職人が一年余もかかったというほどのぜいたくな品であった。

天和三年の禁令には、ぜいたく品として総鹿の子が入っている。

小太夫鹿の子は、目を一つ一つ糸で結うかわりに型紙によって染め出した代用品であるが、これによって鹿の子は大いに普及した。

448　女の羽織は男の真似でできた

もともと羽織は男の外とうなのである。女に羽織はなかった。

それが女も羽織を着るのが流行になった。元文年間（一七三六〜四〇）には女は羽織を着ないようにというおふれもあったが、広がるばかりだった。

449　名古屋帯とはひも帯のこと

これは江戸初期に流行した帯だが、糸を縄のように丸打ちにし、その両端に房をつけたものである。

色は白、紅、青、黄、赤など、二種以上の色を混ぜ、金糸を配した組ひもである。

この組ひもに名古屋帯という名前がある

女の羽織は男の真似でできた

のは、カラクミ（唐組）といって佐賀県の名護屋でつくっていたからである。その後、形を変え、前にあたるところを半幅に縫い、後ろに出るところを一幅に縫ったものをいう。

450　帯の結び始めは前結びだった

江戸の初期、帯の前結びは普通のことだった。が、帯の巾が広くなるにつれ、結び目が動作の邪魔になる。そこで横結びになり、後ろ結びになって、ついに後ろ帯が一般化したのである。前結びのなごりは、わずかに花魁道中にとどめるにすぎない。

451 「人形仕立て」という女性の工夫

これは下着の重ね着をするとき、腰や胴の部分を細く見せるために、人形の着物のように胴は一枚、他は二枚という変形の下着を着たのである。

もっとも重ね着といっても始めから一枚なのだが、見た目には重ね着をしているように見えた。

452 抜き衣紋は髪油のよごれを防ぐため

髪が襟をよごすのを防ぐため、着物に黒襟をかけると共に抜衣紋をした。が、後頭部の毛をたわめて作られた髱《たぼ》の形が、低くなればなるほど汚れがはなはだしくなったし、襟足に女性の魅力を感じるので、抜き衣紋で長くほっそり見せた。

453 フンドシ考

フンドシとは下帯（または下紐）のことだが、三種類ある。

六尺、これが使われるようになったのは慶長以来（一五九六↓）といわれる。それ以前は、麻布四、五尺のもの。半分を二つに裂いて、後ろから腰に巻いて前で結び、裂いてない部分を股下を通して前にはさむものだったという。

越中フンドシの由来には、大阪の遊女越中や細川越中守忠興が考案したという二つの説がある。そしてこれが紐つきフンドシのはじめである。

長さは六尺の半分ですむ。

このさらに布を節約したものが、モッコフンドシである。これは越中のような前垂れがない。その形が土を運ぶモッコに似ているのでこの名がついた。

454 湯巻は湯文字ではない

女性の腰布は、湯具、湯文字という。いずれも入浴のときに用いたのである。男の場合はフンドシだった。

湯巻というものがあるが、これは中世、高貴な人たちの入浴にあたって湯殿に仕えるものが腰にまいた白布のことである。使われた時代が違うのである。

455 蹴出しと腰巻は別布

着物のすそをヒラヒラする緋縮緬や蹴出しは一般に腰巻というが、これは女の下帯ともいうべき腰巻（脚布と書いてキャフと読む）とは別の布である。

蹴出しは腰巻とは別に、人に見せてもいい布を巻いたのである。もっとも腰巻のように見えるから男の眼をひいたのである。

456 スリットのあるぶっさき羽織

背の縫目の下方が割れている。割れ目から刀の鞘を出すのに便利で、武家に用いられた。

略装なので木綿縞や布など多く、色合は浅黄の無地や小紋、縞も用いられた。

457 大きな袖をとってしまった肩衣《かたぎぬ》

一般には「かみしも」と呼んだほうが通りがよいが、「かみしも」は、かみである肩衣と、しもである袴を合わせてかみしもというのだから、肩衣は「かみしも」の一部ということになる。

これはもと大きな袖つきの素襖《すおう》や大紋《だいもん》など古来の正装の袖を略したものといわれる。

江戸ではその形に変化があった。元禄では肩幅が一尺におよぶほど広くなり、元文（一七三六〜四〇）ごろにはピンと張らせるために鯨のヒゲを入れた。

寛延（一七四八〜五〇）には歌舞伎役者の真似をして鳥の羽を広げたようにし、さらに明和（一七六四〜七一）では糊を強くして凧のように空張らせた。が、幕末には「カモメ仕立」という、肩を丸くした形になった。

家紋は前に二ケ所、背に一ケ所つけるのが定めである。

肩衣を着るのは武家では大身の通常礼服、小身の大礼服として、正月三ケ日、五節句、婚礼、神仏事などの際に着た。町人では名主や町役人など上流の者に限り許された。

458 うちかけは女性の礼服

打掛。小袖に帯をしめた上にさらに打ちかけて着るのでこの名がある。

幕末になると、うちかけは「かいどり」と呼ばれた。また遊女などが「しかけ」と呼ぶのも打掛のことである。略して「かけ」。

これが羽織と同様の役割をはたすことはいうまでもない。しかし正式にはうちかけが礼服であった。

459　**地震と火事でできた屋台店**

飲食物の辻売り、つまり屋台店ができたのは、地震や火事でみなが食物に困った時からだという。明和（一七六四〜七一）には茶漬店、そば屋、すし屋、居酒屋、飯屋、煮売店の屋台店がどんどんできた。

これらの定住したのが食い物屋のはじまりである。

460　**外食を嫌う武家の風習**

食い物屋を利用したのは、低い階層の者に限られていて、武家はもちろん商家でも堅いところでは「テンヤ物」を嫌う風があった。

外出には弁当を持っていくか、先ざきへ申しつけて仕度をさせておくという風だった。「買い食い」をいやしむ風習は、のちのちまでも残っている。

461　**居酒屋ができたのは宝暦以後**

居酒屋風のものは寛政（一七八九）ごろになって、それらしいものができたのが始めてである。一杯酒を売ったのはこれより三十年ほど早く宝暦からである。

田楽を肴にしたり、麦飯に芋の煮っころがしで一杯飲むというようなぐあいであった。

芋酒といって、芋の白いのをおろして、冷酒に入れてかきまわしながら飲む酒もあった。

これが芋酒屋である。

462　縄のれんという名の大衆食堂

これができたのは「炊き出し」といって、見附々々へ詰める諸大名の家来たちの食事をひきうける店、飯屋といって勤番士の独身者のために弁当を藩邸のお長屋へ運ぶ店、こういう店が縄のれんをかけて、店で酒も飯もやれるようにしたのがはじめである。

縄のれんという名の大衆食堂

空いたしょう油樽を土間へ並べ、その上に板を渡して、それに腰をかけて飲食する。お菜は皿盛り、飯も一杯いくらとなっている。いまの大衆食堂にあたるものである。

463　屋台店に車はない

おでん燗酒などの店は、奇妙に天秤でかつぐ式で、車に乗せる式はない。明暦の大火に車がつまって逃げ道をふさいだせいで制限されたといわれる。屋台に車がついたのは明治になってからである。

464　江戸に多かったすし屋

江戸では、どうかすると一町に一、二軒のすし屋があった。すしは江戸人の口に合い、また安かったため、よく間食に食べたようである。大衆的なのは、こはだのすし、稲荷ずしなどであった。もっとも、当時から高いすしはあったらしく、安宅の「松の酢」など一折五両もした。そば屋は、一見多そうに見えるが、ほぼすし屋の半数であった。

465　鰻丼のはじまり

堺町の芝居の金主、大久保今助という人は、だいの鰻好き、小屋へきていてはその鰻が食べに行けないから、自分で工夫してたきたての飯のなかへ鰻を入れて持ってこさせた。これなら冷めないし、味のしみた飯も一緒に食えるから便利だというので広まった。文化初年（一八〇四）のことである。

466　どじょう鍋を柳川というわけ

骨抜きどじょうを始めたのは文政初年（一八一八）で、本所の鰻屋であるという。どじょう鍋を柳川というのは、横山町新道に柳川というどじょう店があり、そこの鰻が大評判だったので、いつか柳川の名が品物を代称するようになった。

467　安いソバをよく食う理由

江戸にソバ屋が多いのは、さらっとした味が嗜好に合うというよりも、なんといっても安いからであった。

二八ソバ、三八ソバといって、それぞれ十六文、二十四文がソバの値段だった。

一体、いまでもモリといえば冷たいソバをせいろうへ盛って持ってくるのはおかしい。が、これは蒸しソバの形が残ったもので、むかしは蒸したソバをせいろうに盛るか、または、うどん桶へ入れて出した。そのうち、せいろうのほうが見てくれがいいので、いつかモリといえばせいろうに盛ると限るようになったのである。

ソバのはじめは荷売りといって、担い売りをしていた。このとき売ったのが蒸しソバで、一杯六、七文だったという。

荷売りは火を持って歩くので、夜の営業を禁止されていた。

468　手打そばは宝暦以後

元禄時代はソバ切りといった。宝暦から手打ソバという言葉が出てきたのである。

469　天ぷらの始め

元和二年（一六一六）正月、茶屋四郎次郎が京都から駿府の家康のところへ帰ってきて、いろいろ京の話をした。

このごろ京都で珍らしい料理がはやっている。それは鯛を胡麻の油で揚げて、蒜《にんにく》を摺りかけて食うもので、なかなかうまいものだ、といっている。

470　獣肉は養生食

「獣店」（けだものだな）という店があって、そこで獣肉を売っていた。

民間での肉食は食餌療法とされていた。長生きや、病後の滋養として食ったのである。

獣肉は猪、かのしし（鹿肉）、羚羊、狐、狢、兎などがあった。

471　江戸ッ子がよく食べた餅菓子

浅草餅、大仏餅、朝日餅、外郎《ういろう》餅、山椒餅、桜餅、牡丹《ぼた》餅、大福餅……どれも広く売られたものである。

なかでも大福餅がいちばん人気があり、長く好まれた。

ほかには金鍔焼と団子類が喜ばれていた。

472　納豆は升ではかり売り

納豆売りは、たたき納豆といった。これは今日の納豆と変らないが、包装がしてなくて、納豆売りが升《ます》に一杯いくらといって買い手の器へ移してやる。

このとき、くっついていてトンとたたかなければ取れないから「たたき納豆」といったのである。

納豆は笊に入れて持っているのである。

473　夏の夜の景物麦湯売り

薄晴い街頭にボーッと闇を彩るのは麦湯の行燈である。この行燈は堅《たて》行燈で、赤い地に黒い文字で「むぎゆ」と書いてあった。給仕女は十五、六歳のういういしいのが特徴。多少のお色気もあって、真夏の夜の街頭で、たまらない情緒をただよわせた。

474　ホイホイカゴとは

たいてい町ごとにカゴ宿《やど》があり、数人のカゴかきがたむろしている。また町なかの人通りの多いところには、五挺も六挺もカゴが出ていて客を待つ。一般には辻カゴといったが、ホイホイと声をかけ通るのでホイホイカゴともいった。

475　養生食として重宝がられた獣肉

猪、かのしし、狐、狢、兎のたぐいが今の四谷あたりの獣店《けだものだな》で売っていた。この食養論は支那伝来のものである。

江戸時代大全

著　者　　稲垣史生
発行者　　真船美保子
発行所　　KK ロングセラーズ
　　　　　東京都新宿区高田馬場 2-1-2　〒 169-0075
　　　　　電話（03）3204-5161（代）　振替 00120-7-145737
　　　　　http://www.kklong.co.jp
印　刷　　（株）暁印刷　　製　本　（株）難波製本

落丁・乱丁はお取り替えいたします。
※定価と発行日はカバーに表示してあります。
ISBN978-4-8454-0989-1　C0221　Printed In Japan 2016